孙中山与他的秘书们

主编 梅宁

孙中山与章太炎

苏艳萍 著

南京大学出版社

"孙中山与他的秘书们"系列丛书

编委会

主 任

姜 宸

副主任

廖锦汉

主 编

梅 宁

副主编

佘明贵

编 委

卢立菊　鄢增华　苏艳萍

高萍萍　顾武英　陈宁骏

任维波　陈海懿　张雅婷

前　言

　　孙中山的秘书们是追随其革命事业的一个重要群体,对中国近代历史的进程产生过重大而深远的影响。相较于其他秘书,章太炎是最为特殊的一位。原因有三:其一,章太炎只比孙中山小三岁,可谓是同时代的历史人物,且章当时为江浙名士、宿儒,是著名的国学思想家和革命理论宣传家,孙中山十分敬重他的影响和勇气,每遇革命艰险之时均邀其襄助革命,力挽狂澜。其二,章太炎担任秘书的时间十分短暂,仅仅在1917年追随孙中山南下护法时担任过广州中华民国护法军政府秘书长,不数月即告辞职,但在联络西南军阀上起了非常大的作用。其三,在章太炎与孙中山二十余年的革命交谊中,曾有过一致反清、共建民国、讨袁护法的革命蜜月,也常因政治见解不同而发生分歧和矛盾,他对孙中山并不是一味地追随和赞成。因此,他们之间的关系是波澜起伏的,是值得大书特书的。

　　学界关于孙中山和章太炎的研究成果可谓汗牛充栋、不胜枚举,但是综述两人关系的文章与书籍却不多见,较为重要的有汤志钧撰写的《章太炎和孙中山》、姜义华著《章炳麟评传》中的相关内容,以及章念驰著《我的祖父章太炎》中之《中华两英杰——孙中山和章太炎》一文。因此,在前人研究的基础上,如何紧紧围绕孙章关系撰写并有所突破成为本书写作的最大考量。基于此,本书在查阅大量原始档案和传记资料、认真梳理两人交往过程的基础上,本着客观公正的立场和态度,紧紧围绕孙章关系展开,以重大历史事件为背景,以他们在其中的曲折关系为主线,通过八个篇章力图展现政治人物在中国历史进程中的命运与抉择,以及他们既患难与共又分歧迭生的革命交谊。

孙中山和章太炎是中国近代历史上的文武斗士,是令人心醉神迷的值得研究的人物。虽然他们均具有崇高的历史使命感和民族主义情怀,但他们个人性情、成长环境和教育背景迥异,注定了他们之间的交往是多重面向且非常有趣的,他们的革命交往大致可分为三个阶段:第一阶段为相识定交到辛亥革命。1897年春,章太炎在担任《时务报》编辑时第一次从路透社关于孙中山在伦敦被清使馆绑架的电讯中听到孙中山的名字。两年后的1899年7月,孙中山和章太炎在日本横滨首次相见。1902年章太炎流亡日本,孙中山设宴欢迎,"自是始定交"。1906年7月,章太炎因"苏报案"被禁期满第三次流亡日本,加入同盟会并担任《民报》主编,以该报为阵地展开与保皇派机关报《新民丛报》的论战,有力地宣传了同盟会的革命纲领和主张。随后,孙章二人围绕《民报》经费分配、起义地点等问题产生了非常大的矛盾,最终导致同盟会组织上的分裂,孙中山将许多地方的同盟会改组为中华革命党,章太炎与陶成章等则重建光复会。第二阶段为民国创立到"二次革命"。民国初年,在政体、定都等问题上,章太炎反对孙中山的主张,并积极支持袁世凯,直到宋教仁案爆发才看清袁的真面目,一起勠力讨袁护国。第三阶段为护法运动到孙中山逝世。面对段祺瑞政府拒绝恢复约法和国会及张勋复辟,孙中山和章太炎携手南下护法,护法失败后他们在政治主张上渐行渐远,孙中山主张北伐统一,章太炎则主张联省自治,孙中山实行联俄联共,章太炎则坚决反对并另立组织。1925年孙中山在北京病逝,为他们的革命交往画上了句号。

本书所勾勒出的孙章之间的革命交往,正如章太炎嫡孙章念驰后来总结的那样:"他们为推翻帝制、创建共和,涉险履危、同谋匡济,不屈不挠凡二十余年。其间,两人虽有分有合,然合多于分。孙章两人襟怀坦荡,竭诚相待,纵有不同意见,而于革命大义和民族大义,却始终并肩作战,一如既往。"可以说,孙章之间的感情是深厚的,矛盾分歧是超越个人感情的,是真正意义上的君子之交。因此,作者希望读者既能从书中得到知识和启示,又能感受到他们那博大的胸怀和深邃的思想。

目　录

前　言 ……………………………………………………………… 1

第一章　心系家国　投身革命 ………………………………… 1

一　早年的思想觉醒 ……………………………………………… 1

二　改革与维新 …………………………………………………… 5

三　革命之路的择定 ……………………………………………… 9

第二章　相识定交　共商大计 ………………………………… 13

一　初闻相识 ……………………………………………………… 13

二　互引为同志 …………………………………………………… 16

三　东瀛定交 ……………………………………………………… 20

第三章　同盟总部　分歧迭生 ………………………………… 29

一　同盟蜜月 ……………………………………………………… 29

二　论辩革命与改良 ……………………………………………… 36

三　第一次"倒孙"风潮 …………………………………………… 42

四　《民报》封禁风波 …………………………………………… 47

五　第二次"倒孙"风潮 …………………………………………… 51

第四章　民国肇始　若即若离 ………………………………… 60

一　开国问题之争 ………………………………………………… 60

　　二　同盟会与光复会的恩怨 ………………………………… 66

　　三　几诘临时政府 …………………………………………… 71

　　四　拥袁反孙遭笔伐 ………………………………………… 75

第五章　讨袁护法　同仇敌忾 ………………………………… 82

　　一　宋案后关系回暖 ………………………………………… 82

　　二　勠力讨袁护国 …………………………………………… 87

　　三　奔走护法 ………………………………………………… 93

　　四　游说西南军阀 …………………………………………… 100

第六章　统一分治　又生歧见 ………………………………… 105

　　一　在南北议和之间 ………………………………………… 105

　　二　二次护法 ………………………………………………… 109

　　三　统一分治之争 …………………………………………… 115

第七章　国共合作　分道扬镳 ………………………………… 121

　　一　晚年思想的不同转变 …………………………………… 121

　　二　联俄联共的分歧 ………………………………………… 127

　　三　攻击新三民主义遭通缉 ………………………………… 133

第八章　中山逝世　同志情谊 ………………………………… 140

　　一　最后的见面 ……………………………………………… 140

　　二　斯人已去痛哀悼 ………………………………………… 142

　　三　所以纪念中山 …………………………………………… 147

主要参考文献 …………………………………………………… 155

后　记 …………………………………………………………… 160

第 一 章
心系家国　投身革命

一　早年的思想觉醒

孙中山和章太炎身处相同的晚清时代。当时外有英、法、俄、德、日等国的侵略,内有太平天国农民起义、捻军动乱及回民变乱,加之清政府的腐败无能,使清朝陷于崩溃的边缘,他们亲眼看见了清朝内忧外困的局面。

崩溃中的清王朝力图振作,及时改变天朝观念,寻求与各国建立平等邦交,以缓和与外国的冲突;学习各国的坚船利炮之术及练兵之法,以平定内乱、应付外患;继而引进西方各国的经济及政教制度,希望能建立富强的国家。然而,清朝的改革并不成功,也不彻底,甚至促进了革命运动的蔓延。对外开放和教育发展带来的士民觉醒,使关心国事的人对统治阶层不满。而满洲贵族不仅为中国境内的少数民族,而且将当时占中国人口大多数的汉人视为异族。在 19 世纪末 20 世纪初,由欧洲向外传布的民族主义、民主主义和社会主义,传遍亚洲。清专制皇朝首当其冲,遂使革命无法避免。①

图 1-1　孙中山

---

① 张玉法:《中华民国史稿》(修订版),联经出版事业公司,2001 年,第 32 页。

在这样的时代背景下,孙中山和章太炎成为同时代中关注和思考中国问题的代表人物。孙中山,名文,字德明,号逸仙,1866 年 11 月 12 日出生在广东香山县翠亨村的一个贫苦农民家庭。从六岁起,孙中山就跟随他的四姐上山打柴,拾取猪菜,每年还要替人放牛几个月以换取犁自家地的工价,有空时就帮家中做零活。[①] 幼年的艰苦生活带给孙中山深刻的影响,日后他自谓本"农家子也,生于畎亩,早知稼穑之艰难"[②],并认为"中国农民的生活不该长此这样困苦下去"[③]。因此,他从小就具有反叛精神,据姐姐孙妙茜回忆:"总理幼时喜为人打仗,见群儿被人欺凌,则大抱不平,必奋勇以打,即打不赢,亦不稍退。"[④]

广东香山,蕴含着可歌可泣的爱国与革命的传统。鸦片战争时期,民族英雄林则徐曾经驻节县城,水师提督关天培因在磨刀洋海面迎击英国侵略军而壮烈捐躯,民众保家卫国的英雄事迹更是广为流传。同时,由于这里地处中国南部沿海,紧邻香港和澳门,受到外来思想的影响较深,风气渐开。在哥哥孙眉的资助下,孙中山于 1879 年至 1883 年在夏威夷接受教育,先后就读于意奥兰尼学校和奥阿厚书院,接受小学、初中教育。在夏威夷学习的五年中,他看到了夏威夷人民的反侵略斗争,这给他以很大的激励。后又于 1883 年至 1884 年、1887 年至 1892 年在香港读书。孙中山从小就有反叛的性格,又热爱读书。孙中山在求

图 1-2 章太炎

---

① 陆天祥:《孙中山先生在翠亨》,中国人民政治协商会议广东委员会文史资料研究委员会编:《广东辛亥革命史料》,广东人民出版社,1981 年,第 454 页。

② 孙中山:《拟创立农学会书》(1895 年 10 月 6 日),广东省社会科学院历史研究室等编:《孙中山全集》(第 1 卷),中华书局,1981 年,第 25 页。

③ 宋庆龄:《为新中国奋斗》,人民出版社,1952 年,第 5 页。

④ 罗香林:《国父家世源流考》,商务印书馆,1947 年,第 38 页。

学期间,通过西方书籍的阅读和欧美各地的游历,充分了解了世界大势和中国应走的方向。而他在广州、香港读书期间,又结识了隶属三合会的同学郑士良,郑士良对他的革命思想也起到了启迪作用。

章太炎比孙中山小三岁,名炳麟,字枚叔,1869年1月12日出生在浙江省杭州府余杭县东乡仓前镇。仓前镇,宋代以来就相当繁华,因为这里是漕米集中与转运的重要处所,仓前即以众多米仓耸立在镇后而得名。章家是镇上的富户,发达于清嘉庆、道光年间。章太炎从小接受良好的儒学教育,六岁开始接受启蒙,九岁由外祖父朱有虔负责督导,后入当时最著名的教育文化机构,即位于杭州西湖边的诂经精舍学习,这段经历使他奠定了深厚的国学基础,产生了最初的"排满"思想。章太炎后来回忆说:"余十一二岁时,外祖朱左卿授余读经,偶讲蒋氏《东华录》曾静案,外祖谓夷夏之防同于君臣之义。余问前人有谈此语否?外祖曰:'王船山、顾亭林已言之,尤以王氏之言为甚。谓历代亡国,无足轻重;惟南宋之亡,则衣冠文物亦与之俱亡。'余曰:'明亡于清反不如亡于李闯。'外祖曰:'今不必作此论。若果李闯得明天下,闯虽不善,其子孙未必皆不善,惟今不必作此论耳。'余之革命思想伏根于此。""十九、二十岁时,得明季稗史十七种,排满思想始盛。"[①]"弱冠,睹全祖望文,所述南田、台湾诸事甚详,益奋然欲为浙父老雪耻;次又得王夫之《黄书》,志行益定。"[②]经过这一阶段的思想启蒙,章太炎开始了由对清王朝的质疑到对其统治的不满的转变。

对清政府统治不满的另一个重要原因,是19世纪50年代至60年代发生在中国中南和东南广大地区的太平天国农民起义和捻军起义,起义从不同角度对孙中山、章太炎产生了深刻的影响,而后来他们对这场农民运动产生强烈共鸣,除去他们本身的经历外,与他们的家乡、他们的家庭特殊的遭际,也有着很密切的关系。

---

① 章太炎:《口授少年事迹》(1936年4月28日),上海人民出版社编:《章太炎全集》(十一)《太炎文录补编》(下),上海人民出版社,2018年,第938页。

② 汤志钧编:《章太炎年谱长编》(上),中华书局,1979年,第9页。

太平天国起义从广西爆发,席卷中国南方大部,定都南京,建立了自己的政权,成为中国两千年来周期性爆发的农民战争的最高峰。起义军制定了"凡天下田,天下人同耕"的土地纲领,希望通过财富共有、平均分享的办法,建立起农民与手工业者理想的"有田同耕,有饭同食,有衣同穿,有钱同使,无处不均匀,无人不饱暖"①的天堂社会。但是,这种天堂像夜空的流星一样,虽然光芒夺目,却无法持续存在。农民领袖们在掌握了巨大的权力和财富后,侈靡淫逸,竟不弱于他们的对手。太平天国从理想层面返回实际层面,成了对农民一场新的剥夺。农民运动终于不敌对手血腥的屠戮,从高潮转入低潮。

孙中山的家乡正好位于离广西不远的广东香山县,村里有位参加过太平军起义的老农冯爽观,经常在孙中山家门口的榕树下给孩子们讲述太平天国反清的革命故事。孙中山每每听得出神,对洪秀全很是敬慕,曾说:"洪秀全灭了清朝就好咯!"②后来在读书期间,孙中山常与同学陈少白等畅谈革命,"慕洪秀全之为人"③,曾高度评价洪秀全领导的农民起义:"夫汉人失国二百六十年于兹矣,图恢复之举不止一次,最彰彰在人耳目者莫如洪秀全之事。洪以一介书生,贫无立锥,毫无势位,然一以除虏朝、复汉国提倡汉人,则登高一呼,万谷皆应,云集雾涌,裹粮竞从。一年之内,连举数省,破武昌,取金陵,雄踞十余年。"④更于1904年在为刘成禺著《太平天国战史》一书所写的序中说:"朱元璋、洪秀全各起自布衣,提三尺剑,驱逐异胡,即位于南京。朱明不数年,奄有汉家故土,传世数百,而皇祀弗衰;洪朝不十余年,及身而亡。无识者特唱种种

---

① 《天朝田亩制度》,中国史学会主编:《中国近代史资料丛刊·太平天国》(第1册),神州国光社,1952年,第321—326页。

② 陈锡祺主编:《孙中山年谱长编》(上),中华书局,1991年,第18页。

③ 陈少白:《兴中会革命史别录》,中国史学会主编:《中国近代史资料丛刊·辛亥革命》(第1册),上海人民出版社,1957年,第83页。

④ 孙中山:《支那保全分割合论》(1903年9月21日),广东省社会科学院历史研究室等编:《孙中山全集》(第1卷),中华书局,1981年,第222页。

谬说,是朱非洪,是盖以成功论豪杰也。"①后来,孙中山竟自诩为"洪秀全第二",可见太平天国运动对他的深刻影响。

而太平天国在江浙等地所引起的社会变动、土地大量流失、田地荒芜,不仅使章太炎对清王朝产生怀疑,还使他深切地关注中国的农村与农民问题,特别是土地平均分配及小农经济活力问题。章太炎后来在倡导革命时,曾以洪秀全与太平天国事业的继承者自居。1906年9月,他在为《洪秀全演义》一书所写的序言中曾说:"洪王起于三七之际,建旗金田,入定南都,握图籍十二年,旌旄所至,执讯获丑,十有六省,功虽不就,亦雁行于明祖。……近时始有搜集故事,为太平天国战史者,文辞骏骤,庶足以发潜德之幽光,然非里巷细人所识。夫国家种族之事,闻者愈多,则兴起者愈广。……洪王朽矣,亦思复有洪王作也。"②这里虽然主要从推翻清王朝这一点上立论,但有意复兴太平天国的事业,将自己所从事的革命视为太平天国运动的继续,这一态度是鲜明的。

虽然二人的家庭出身、成长环境以及所受教育迥异,但是孙中山、章太炎与他们同时代的知识精英一样,关心国家前途和命运,关心大众疾苦,并把这种思想内化为自身的行动,踏上了爱国与革命的救亡图存之路。

二　改革与维新

孙中山欲改善中国现状的思想孕育于大学毕业以前。在香港大学就读时,孙中山系统地学习了世界史、英国史,了解了当时西方共和国的组织、法国大革命的故事、英国人民与王权斗争的经过等。学习之余,与同学陈少白、尤列、杨鹤龄等大谈反清言论。孙中山自述:"数年之间,每于学课余暇,皆致力于革命之鼓吹,常往来于香港、澳门之间,大放厥辞,无所忌讳。时闻而附和者,在香港只陈少白、尤少纳、杨鹤龄三人,而上海归客则陆皓东而已。若其他

---

① 孙中山:《〈太平天国战史〉序》(1904年),广东省社会科学院历史研究室等编:《孙中山全集》(第1卷),中华书局,1981年,第258页。

② 汤志钧编:《章太炎年谱长编》(上),中华书局,1979年,第223页。

之交游,闻吾言者,不以为大逆不道
而避之,则以为中风病狂相视也。予
与陈、尤、杨三人常住香港,昕夕往
还,所谈者莫不为革命之言论,所怀
者莫不为革命之思想,所研究者莫不
为革命之问题。四人相依甚密,非谈
革命则无以为欢,数年如一日。故港
澳间之戚友交游,皆呼予等为'四大
寇'。此为予革命言论之时代也。"①

图 1-3 孙中山在香港读书期间与友人的
合影。前排左起:杨鹤龄、孙中山、
陈少白、尤列,后排站立者:关心焉

与激进的观念并存的是温和的
维新思想。孙中山在 1890 年前后曾
致函给退休乡居的原任职海关道并出使过欧美的同乡郑藻如,提出兴农桑、禁
鸦片和普及教育等主张。他还与一些维新人士有着密切联系,同郑观应商讨
"改革时政",后者曾在风靡一时的《盛世危言》中称道他为"吾邑孙翠溪西医"。
他的老师何启给他以较大影响,这位留英研习医学和法律的维新人士的代表
作即是流传广泛的《新政真诠》。当时,仿效西方、变法改革对封建专制主义的
中国社会无疑是一次冲击,该思想含有民主主义的崭新内容和启蒙意义。

因此,在香港期间,成了孙中山革命思想形成的关键时期。1923 年,孙
中山在香港大学演讲时说:"我之此等思想发源地即为香港,至于如何得之,
则我于三十年前在香港读书,暇时辄闲步市街,见其秩序整齐,建筑宏美,工
作进步不断,脑海中留有甚深之印象。""我因此于大学毕业之后,即决计抛
弃其医人生涯,而从事于医国事业。由此可知我之革命思想完全得之香
港也。"②

---

① 孙中山:《建国方略》(1917—1919 年),中山大学历史系孙中山研究室等编:《孙中山全
集》(第 6 卷),中华书局,1985 年,第 229 页。

② 孙中山:《在香港大学的演说》(1923 年 2 月 19 日),中山大学历史系孙中山研室等编:
《孙中山全集》(第 7 卷),中华书局,1985 年,第 115—116 页。

大学毕业后,孙中山先后在澳门、广州开办诊所。行医期间,孙中山与左斗山、魏友琴、程璧光、陆皓东、尤列等人在广州双门底王氏书舍及广雅书局内南园抗风轩进行秘密活动,畅谈时政,探索救国救民的途径和方法,实为革命运动的开始。1893 年冬,孙中山提议先成立团体,以"驱除鞑虏"、恢复华夏为宗旨。

在孙中山大学毕业前后,清廷及地方官绅已从事洋务运动三十多年,孙中山对洋务运动的精神与内涵不仅了如指掌,而且很不满意。1894 年初,孙中山与陆皓东在翠亨村起草《上李鸿章书》,认为自己的主张如被采纳,当可实现自上而下的中枢变革,比较顺畅,易于奏效。他在《上李鸿章书》中提出"人能尽其才,地能尽其利,物能尽其用,货能畅其流"的构想。李鸿章未予理会,孙中山受到很大的刺激,进一步认识到清廷的腐败,于是走上网罗群众、推动革命的道路。加之甲午中日战争爆发,民族危机日益深重,这些因素激发了孙中山的革命意识,他以后的活动标志着近代中国民主革命正规阶段的到来。

而这一时期的章太炎则投身于甲午战争后兴起的维新变法运动,开始了他的社会政治革命生涯。1894 年,中日甲午战争爆发,清朝被日本侵略者打败,在民族危机的巨大刺激下,章太炎毅然走出书斋,参加强学会,编撰《时务报》《经世报》《实学报》《译书公会报》,实现了思想上、政治上的首次飞跃。正是社会与政治变革的实践,使章太炎与清王朝走向离异和决裂。

维新运动是一场爱国救亡运动,其领袖康有为倡导先后在北京、上海建立强学会,呼吁天下学士聚合在一起,共同讲求中国自强之学。当上海强学会成立时,章太炎立即交去十六元入会,就是因为他迫切地要求救亡。除参加上海强学会外,章太炎还和浙江维新变法的著名鼓吹者宋恕、陈虬等人于1897 年 6 月创建了兴浙会。章太炎在《兴浙会序》中指出:"方今浙江之俗,稍益选懦,而隐居求志者,盖时见于山樊。然或讼言时务,而不能深探其本;或以旧学为城堞,其学不足以经世。离群涣处,莫

图 1-4　《时务报》

相切厉,卒迷阳而不返。"①这是章太炎发起思想启蒙的初步框架。

强学会被封禁后,梁启超用余款创办了《时务报》,章太炎很欣赏《时务报》,而该报总经理汪康年又是他的同乡和亲戚,因此,章太炎受邀入《时务报》任编辑,开始了他的政治生涯。章太炎工作与居住均在报馆内,宣传变法,反对守旧,一纸风行,《时务报》成为全国维新派的聚集地。章太炎用他的笔投身于支持改良主义的运动,在该报发表了《论亚洲宜自为唇齿》和《论学会有益于黄人亟宜保护》等文章,主张"以革政挽革命"。他文辞犀利,论说有力,使维新派感到振奋,谭嗣同在给汪康年和梁启超的信中说:"贵馆添章枚叔先生,读其文,真巨子也,大致卓公如贾谊,章似司马相如。"但由于章太炎与康、梁在政治、学术主张问题上存在分歧,只好结束在《时务报》的工作。

六个月后的1897年10月26日,章太炎还和一批志同道合者在上海创办了译书公会,计划采译欧、美、日等国的政治、法律、教育、矿务、商务、农学、军制书籍介绍给中国民众。11月,他们出版了《译书公会报》周刊,选译英、法、德、日等国报纸上的论述以及若干专门著作。章太炎批评五口通商以来,士大夫不治国闻,怀安饰誉,致使其祸立见于今日。他还指出,以推进维新变法而论,由于不了解五大洲情况和已有的各种经验教训,"一旦变易,官无其法,法无其人,人无其书,终于首施两端,前却失据"。创办译书公会,就是为了改变这一状况。

1897年至1898年间,章太炎除去参与《时务报》的撰述外,还参与创办了《经世报》《实学报》等刊物,担任这些刊物的主笔。《时务报》改组为《昌言报》后,由他主持笔政。他了解成立学会、创办图书馆及开设报馆在启蒙运动发展中的不同功效,指出前二者的创建要艰难得多,影响的范围也有很大限制,"今欲一言而播赤县,是惟报章。大坂之报,一日而籀读者十五万人;《泰晤士报》,一日而籀读者三十万人。以中国拟之,则不可倍蓰计已"②。这也是章太炎毕

---

① 章太炎:《兴浙会序》(1897年8月),上海人民出版社编:《章太炎全集》(十)《太炎文录补编》(上),上海人民出版社,2018年,第31页。

② 姜义华:《章炳麟评传》(上),南京大学出版社,2011年,第24页。

生重视报刊的根本原因。

在此期间，与孙中山相似的是，章太炎也曾在上层做过努力。当时，由于清廷内的洋务派领袖李鸿章对维新派表示同情，因此章太炎对他抱有一定期望。1898 年 2 月章太炎上书李鸿章。在这封长信中，针对"瓜分之形，皦如泰山"的形势，章太炎建议"与日本合从"；针对"下民离瘼，疆圉孔棘，天下之势，系于金栀，其忧有甚于瓜分者"的内部问题，章太炎强调"非内政修明，不足以自巩"。在信中，章太炎还做了自我介绍，说明自己"会天下多故，四裔之侵，慨然念生民之凋瘵，而思以古之道术振之"。古之道术，源于荀子、司马迁、刘歆，以及盖次公（盖宽饶）、诸葛亮、羊叔子（羊祜）及黄宗羲。信中对李鸿章多有赞誉，以至说："念今世足以定天保者，无过相国，故不得不鸣其一得之见，以达于持橐之史。"①章太炎希望李鸿章能够采纳他的建议，或者能够对他的建议有所重视，但是，上书之后，却并未引起李鸿章的注意。这一事件，使他对清朝的统治不抱任何希望。

维新运动是一场社会与政治革新运动。章太炎和同时代的许多人一样，作为康有为的追随者，参与了社会与政治革新运动，但是又从一开始就表现了自己鲜明的个性。与康、梁的区别在于，康、梁将变法更多地寄希望于光绪皇帝，而章太炎则将变法更多地寄希望于使民众自相为守。

三　革命之路的择定

改良主张失败后，孙中山随即走上革命的道路，成为一名真正的革命家。1894 年 11 月，孙中山在檀香山组建了中国资产阶级第一个革命团体——兴中会，首次提出"驱除鞑虏，恢复中国，建立合众政府"的主张，首次提出"振兴中华"的口号。之所以选择檀香山成立兴中会，是因为孙中山早年在檀香山读

---

① 章太炎：《上李鸿章书》（1898 年 2 月），汤志钧编：《章太炎政论选集》（上），中华书局，1977 年，第 53—57 页。

书,在这里有社会关系,而他的哥哥孙眉是檀香山的华侨,社会关系更多。另外,檀香山的华侨多为广东人,更利于革命活动的开展。

1895年1月中旬,孙中山离开檀香山往香港、广州一带联络,在香港联络辅仁文社同仁杨衢云等,组织香港兴中会;在广州联络激进人士程奎光等,组织农学会,以掩护革命行动。① 革命军计划于1895年10月16日在广州起事,约定各方革命军分道攻城,因事机不密,香港一路有四十余人被捕,其他各路未积极行动,事遂终止。被捕遇难者中,有设计青天白日旗的陆皓东。②

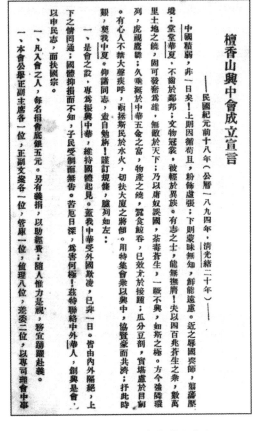

图 1-5 《檀香山兴中会成立宣言》

广州起义标志着孙中山武力推翻清廷的开端。起义失败后,孙中山赴日,日报指孙为革命党,不以叛乱犯视之。嗣孙中山经美转英,在英曾为清朝公使馆诱捕,事涉英国法权,引起外交交涉,使孙声名大噪。此后的十几年间,孙中山走上了一条宣传革命、领导武装起义推翻清朝统治的道路。

与孙中山相比,章太炎走上革命道路的时间较晚。随着戊戌维新变法运动的失败,章太炎对清王朝的不满更为强烈。1898年9月,在为祭奠谭嗣同

---

① 张玉法:《清季的革命团体》,北京大学出版社,2011年,第152—171页。
② 张玉法:《清季的革命团体》,北京大学出版社,2011年,第215—220页。

等人而写的《祭维新六贤文》中说道："王母虎尾,孰云敢履？惟我六贤,直言以抵。宁不惧咥,固忘生死。上相秉威,狼弧枉矢。以翼文母,机深结闭。大黄拟之,泰阿抵之。长星既出,烧之薙之。系古亡征,党人先罹。断鳌之足,实为女祸。匪丧陈宝,丧我支那。孰不有死,天柱峨峨。上为赤熛,下为大波。洞庭之涛,与君共殂。"①章太炎对谭嗣同等人被杀表示愤慨,对以慈禧为首的顽固派的专制横暴极为仇恨。

尽管受到很大打击,章太炎仍然没有完全丧失在清王朝统治下合法进行改革的希望。章太炎设计了"客帝"与"分镇"两个方案。《客帝论》于1899年3月12日发表于《台湾日日新报》,文章建议尊崇孔子为"支那之共主",光绪皇帝"引咎降名,以方伯自处",而为"客帝",臣民视之为长官,主持实际政务,厉行变法。而《分镇》则是主张在中央权力得到根本改善之前,不如用"分镇"的方法加强各地方自治自卫的能力。

1900年春夏之交,义和团进入北京、天津、保定,列强从大沽口外军舰上调派军队进入北京增强使馆护卫,同时组成联军向北京进发。6月21日,清廷向列强宣战。而东南各督抚,如南京的刘坤一、广州的李鸿章、武汉的张之洞、济南的袁世凯,则拒绝接受朝廷的"乱命",和列强实行"东南互保"。7月14日,联军占领天津,东南十三省督抚联名要求朝廷镇压义和团。8月4日,得到增援的俄、德、法、英、美、日、意、奥八国联军向北京进攻,14日进入北京城,慈禧带着光绪皇帝等人出逃。

面对民族运动、农民运动、现代化运动交叠错位的复杂形势,从京津民众对八国联军占领后的反应中,章太炎痛切感到:"满洲弗逐,而欲士之争自濯磨,民之敌忾效死,以期至乎独立不羁之域,此必不可得之数也。浸微浸衰,亦终为欧美之奴隶而已矣。"②尤其是《辛丑条约》的签订,使章太炎看清了,光绪

---

① 章太炎:《祭维新六贤文》(1898年9月),上海人民出版社编:《章太炎全集》(十)《太炎文录补编》(上),上海人民出版社,2018年,第64页。

② 章太炎:《驳康有为论革命书》,上海人民出版社编:《章太炎全集》(八)《太炎文录初编》,上海人民出版社,2018年,第187—188页。

图1-6 1900年八国联军侵华,清政府签订了丧权辱国的《辛丑条约》

皇帝也好,康有为等人也好,都解决不了中国现代化问题,解决不了农村危机和农民运动方向问题,解决不了中国独立、主权、领土完整问题。和平的、渐进的、折中式的变革之路尽管很理想,却完全走不通。

对清王朝,章太炎彻底失望了。1900年7月下旬,当唐才常等人发起在上海建立"中国议会"时,针对唐才常坚持以"勤王"为旗帜的问题,章太炎终于不再犹豫,奋起反对,明确宣布自己矢志反清、投身革命,成为上海乃至整个江浙人文荟萃之地公开倡导反清革命的第一人,欲以一介书生颠覆清朝近三百年帝业。

一个时代的历史就是几千个优秀人物同时演出的一场戏剧,出场人物各自浮游到历史潮流的上层,他们代表不同的趋向,又各自产生或多或少的纠葛关系,推动了历史情节的发展。至此,孙中山和章太炎这两位优秀人物均走上了革命道路,成为影响深远的近代中国民主革命家,并展开了一段既患难与共又分歧迭生的革命交往。

第二章
相识定交 共商大计

一 初闻相识

章太炎最初得知孙中山的名字，是 1897 年春在上海担任《时务报》编辑时路透社所发孙逸仙在伦敦被清朝使馆绑架的电讯中。

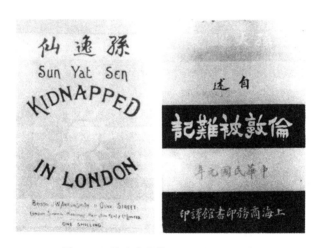

图 2-1 孙中山所著《伦敦被难记》封面

伦敦绑架事件的原委是这样的。1896 年秋，在第一次广州起义失败后，孙中山被清廷通缉，遭港英当局驱逐出境，流亡海外。同年 9 月 23 日，清廷从海底电缆侦查到孙中山从美国纽约坐船到英国，孙中山不幸被清政府驻英国公使馆阴谋绑架，险遭杀害。后经孙中山在香港西医书院学习时的英国老师康德黎全力营救而脱险。此事因英国政府的干涉，而成为国际事件。事件后来被称为"伦敦蒙难",孙中山被邀出书《伦敦被难记》描述其遭遇,亦因此事而在国际上名声大噪。

该电讯报道称孙逸仙,名文,中国变政党人,职业为医生,被人诓诱监禁在清朝伦敦使馆,后由英国外部大臣照会使署并提出强烈抗议,使署方才不得不放人。章太炎阅后,即询问梁启超:"孙逸仙何如人?"梁启超谓:"此人蓄志倾覆满洲政府。"章太炎听后"心甚壮之"。[1] 章太炎又称:"是时上海报载广东人孙文于英国伦敦为中国公使捕获,英相为之担保释放。"梁启超谓:"孙氏主张革命,陈胜、吴广流也。"章太炎谓:"孙果主张革命,则不必论其人材之优劣也。"[2]因孙中山倡导革命,章太炎初次得知孙中山的志向。

图 2-2 梁启超

1898 年,章太炎到台湾避祸。经上海《亚东时报》的日本友人山根虎雄、安藤阳洲介绍,前往《台湾日日新报》担任该报记者。台湾学务馆森鸿亦让章太炎修订诗文,章太炎为《台湾日日新报》撰写了一批文章和诗文,这展现了他的才华和思想,也为他赢得了巨大的声誉,使他从先前囿于东南一隅的地方闻人很快成为全国性的政治人物。在此期间,他经常忠告康、梁,勿效忠异族,谓"孙文稍通洋务,尚知辨别种族,高谈革命,君等身列士林,不辨顺逆,甘事虏胡,殊为君等惜"[3]。

1899 年 7 月,孙中山与章太炎在日本横滨小石川梁启超住所首次会见。当时,与章太炎有旧交情的钱恂受张之洞委派,出任湖北留日学生监督。梁启超因戊戌变法失败流亡日本,在横滨主办《清议报》。章太炎与他们取得联系后,他们都热情邀请章太炎赴日。1899 年 6 月,梁启超遂致函邀请章太炎来

---

① 汤志钧编:《章太炎年谱长编》(上),中华书局,1979 年,第 39 页。
② 汤志钧编:《章太炎年谱长编》(上),中华书局,1979 年,第 40 页。
③ 冯自由:《革命逸史》(上),新星出版社,2009 年,第 50 页。

横滨,谓:"当介绍孙某与之相见。"6月10日,章太炎离开台湾来到日本,游览了神户、京都、名古屋和东京。此时,孙中山也在横滨,梁启超正设法与孙中山合作,结成反清联盟,而孙中山也有意与其合作,因此梁启超与孙中山交往密切。

7月8日,梁启超引荐章太炎与孙中山、陈少白相见。这次会见是短暂的,但他们"相与谈论救国大计,极为相得"①。7月17日,章太炎在给汪康年的信中叙述了这次会见的印象:

> 兴公亦在横滨,自署中山樵,尝一见之,聆其议论,谓不瓜分不足以恢复,斯言即浴血之意,可谓卓识。惜其人闪烁不恒,非有实际,盖不能为张角、王仙芝者也。②

这次会见,孙中山与章太炎畅谈政治理念、治国方略,尤其在谈到中国土地问题,他们有交集有争论,也有相同或相近的认识。章太炎向孙中山谈及自己对土地问题的看法,三代之井田、王莽之王田与禁奴、王安石之青苗、洪秀全之公仓,均在讨论之列。孙中山表示对于欧美的经济学说,最服膺美国人亨利·乔治的单税论,认为这种土地公有的理论最适宜于中国社会问题的根本解决。对于孙中山的认识,章太炎认为土地问题是中国几千年的老问题,孙中山的理论或许是一个解决方向,田不均,虽衰定赋税,民不乐其生,终之发难。所以中国要想寻找一条长治久安的路,必须解决土地问题。

在谈到政治变革时,孙中山认为,1898年之后中国的政治改革陷入了僵持,要想打破这种僵持,就必须有外力推动或破局。在目前情况下,不瓜分不足以谈恢复,如果有一场来自外部的流血冲突,这种僵持或许能够终结。章太炎对于孙中山的判断十分认同,认为他果然有远见卓识,但引以为憾的是孙中

---

① 冯自由:《革命逸史》(上),新星出版社,2009年,第50页。
② 章太炎:《与汪康年》(五),上海人民出版社编:《章太炎全集》(十二)《书信集》(上),上海人民出版社,2018年,第21页。

山不能成为像张角、王仙芝那样的农民起义领袖。

这短短的一次会见,不得不说,虽然他们反清的思想一致,但其他方面特别是文化背景相差实在太大。孙中山多接受西方教育,他的政治改革的理念,对于章太炎既是新鲜的,也是不易被立即接受的;而章太炎饱读经史,即使是造反,也要以本国历史上的人物为取舍标准。

1899 年 8 月底,章太炎秘密回到上海。不久,他为躲避清廷耳目的追寻,返回浙江。这时,他读到 1898 年 10 月苏舆汇编的《翼教丛编》一书。这本书汇集了朱一新、王仁俊、叶德辉、苏舆等人攻击与诽谤康有为、孙中山的一批文章。章太炎撰写了《〈翼教丛编〉书后》与《今古文辨义》,进行反击。

1900 年 6 月至 7 月,孙中山曾秘密赴香港、西贡、新加坡,筹划发动惠州起义及策动李鸿章独立,组织广东独立政府。8 月下旬又赶到上海,企图继续争取已经滞留在沪准备北上的李鸿章,但没有成功。这一次是秘密行动,章太炎未能与孙中山会面。但由于共同的革命立场,章太炎与孙中山在思想与感情上接近了。他们之间虽然没有经过深入的交谈,却产生了强烈的共鸣,表现了相互深切的理解。

二 互引为同志

章太炎真正引孙中山为自己的同志,是在 1900 年 8 月他割去长辫以示同清王朝决裂之时。

面对爆发的义和团运动,留居日本的孙中山和在香港主持《中国日报》的陈少白通过港英当局,积极策动李鸿章据华南地区而独立。李鸿章在港英当局的怂恿和支持下,曾一度跃跃欲试。章太炎听说李鸿章有意连横,非常高兴。为了推动李鸿章跨出决定性的一步,他致书李鸿章,要求他"明绝伪诏,更建政府,养贤致民,以全半壁"。但是,李鸿章眼看义和团并没有将清朝中央政府打倒,列强也有意继续扶持慈禧太后和光绪皇帝,经过反复权衡利害,最终决定彻底拒绝据两广而独立的建议。孙中山、章太炎等人的计划,于是成为泡影。与此同时,章太炎致书两江总督刘坤一,企图策动刘坤一据两江而独立并另组建政府,结果也一样化作泡影。而湖广总督张之洞也有自己的考虑,他一方面与东南督抚一起签署东南互保的协议,一方面密切观察北方的战局,寻找应对方略。

正在这时,积极追随康有为的唐才常,敏锐地意识到这是一次千载难逢的历史机遇,于是在上海邀集一批名流与志士,于1900年7月26日在上海愚园南新厅集会,召开"中国议会"成立大会。寓居上海的各界名流中,容闳、严复、章太炎、文廷式、叶瀚、狄楚青、张通典、龙泽厚、马相伯、毕永年、林圭、唐才质等八十多人出席了大会。会上推举容闳为会长,严复为副会长。该会宗旨为:一、不认通匪矫诏之伪政府;二、联络外交;三、平内乱;四、保全中国自立;五、推广支那未来之文明进化。章太炎是"中国议会"的积极参加者,但坚决反对以扶持光绪皇帝重新执政为中国议会的政治目标。

为了充分显示自己义无反顾地投身革命的决心,1900年8月3日,章太炎毅然剪去了象征对清王朝忠顺的长辫,脱去清代长衫。自此,他便梳着短发,穿着西装,大摇大摆地走在马路上,表示与清王朝决裂。为此,他专门写了一篇《解辫发说》,说明他剪去辫子和改穿西服的用意所在:

> 共和二千七百四十一年秋七月,余年三十三矣。是时满洲政府不道,戕虐朝士,横挑强邻,戮使略贾,四维交攻。愤东胡之无状,汉族之不得职,陨涕湴湴曰:余年已立,而犹被戎狄之服,不违咫尺,弗能翦除,余之罪也。将荐绅束发,以复近古,日既不给,衣又不可得。于是曰:昔祁班孙、释隐玄,皆以明氏遗老,断发以殁。……会执友以欧罗巴衣笠至,乃急断发易服。[1]

辫子问题,是中国近代历史上一个十分敏感和严重的问题,象征着汉人归

---

① 汤志钧编:《章太炎年谱长编》(上),中华书局,1979年,第110页。

顺满人的统治。章太炎这次公开割辫并发表宣言,体现了对清政府的极大反叛性和挑战性,他所展现的巨大勇气令人钦佩。

在割辫后的第五天即8月8日,章太炎将《严拒满蒙人入国会状》及《解辫发说》寄给在香港的孙中山,并给孙中山寄去一封充满革命激情的书信,信中写道:

中山先生阁下:

去岁流寓,于横滨梁君座中,得望风采,先生天人也。鄙人束发读书,始见《东华录》,即深疾满洲,誓以犁庭扫闾为事。惟顾藐然一书生,未能为此,海内又鲜同志。数年以来,闻先生名,乃知海外自有夷吾,廓清诸夏,非斯莫属。去岁幸一识面,稠人广众中,不暇深议宗旨,甚怅怅也。今者满政府狂悖恣行,益无人理,联军进攻,将及国门,覆亡之兆,不待著蔡。南方各省,犹与西人立约通好。鄙人曾上书刘(坤一)、李(鸿章)二帅,劝其明绝诏书,自建帅府,皆不见听。东南大局,亦复岌岌。友人乃立中国议会,……而同会诸君,贤者则以保皇为念,不肖者则以保爵位为念,莫不尊奉满洲,如戴师保。九世之仇,相忘江湖。嘻,亦甚矣。鄙人先作一状,请严拒满蒙人入会,会友皆不谓然。愤激蹈厉,遽断辫发,以明不臣满洲之志,亦即秘书出会。……兹将《拒满蒙人入会状》及《解辫发说》篇寄呈左右,所望登之贵报,以示同志。虽词义鄙浅,傥足以激发意气乎?……然时遭阳九,天下事尚有可为,惟有为四万万人珍摄。肃此,敬问起居。章太炎识。①

这封信详细介绍了二人自去年在横滨见面之后国内的政治变化,章太炎认为现在国内的政治形势因满洲人倒行逆施而岌岌可危。满洲政府狂悖恣

---

① 《中国旬报》第19期,上海人民出版社编:《章太炎全集·书信集》(上),上海人民出版社,2017年,第82—83页。

行,益无人理;联军进攻,将及国门;覆亡之兆,已经清晰呈现,不待问卜,就知道中国的形势到了怎样的危机状态。南方各省督抚为了自保,与列强签订了互保协议,章太炎也曾在这个时候上书刘坤一、李鸿章,希望他们顺应历史,明绝伪诏,自建帅府,然而他们根本不听。东南大局,亦复岌岌。至于上海各界名流组织的中国议会,章太炎也向孙中山做了介绍,与会诸公各怀鬼胎,贤者以保皇为念,不贤者以保爵位为念,莫不尊奉满洲。只有我章太炎一人坚决反对,严拒满洲人入会,诸公不以为然,我也就只好移书退会,割

图2-3　《中国旬报》

辫与绝,以明不臣满洲之志。同时,这封信对孙中山推崇备至,认为廓清华夏,非孙中山莫属。

孙中山对章太炎的革命豪举,极为欣赏,特指示在香港出版的《中国旬报》全文刊载了章太炎的《严拒满蒙人入国会状》及《解辫发说》等文,并在《后记》中给予极高评价:

> 章君炳麟,余杭人也,蕴结孤愤,发为罪言,霹雳半天,壮者失色,长枪大戟,一往无前。有清以来,士气之壮,文字之痛,当推此次为第一。隶此野蛮政府之下,追而思及前明,耿耿寸心,当已屡碎矣。君以此稿封寄前来,求登诸报。世之深于眛者,读此文当有短其过激否耶?[1]

---

[1]　中国旬报馆:《章炳麟〈来书〉后记》,《中国旬报》第19期。

这是以孙中山为首的革命党人对章太炎的这一行动的高度评价。章太炎当然配得起这样的评价,在他的身上,激昂的革命正气始终与沉郁的学术风范相得益彰。章太炎的这一举动,受到了孙中山的热忱欢迎,也吓住了他的朋友们。面对着周围的各种压力,章太炎凛然不为所动。

三　东瀛定交

在一系列复杂的政治环境中,章太炎已经成为一名真正的政治人物了,受到清廷的关注。1900年,唐才常策动汉口自立军起义,不少留日学生由东京归国参与其事。由于受到湖广总督张之洞的残酷镇压,终以失败而告终。张之洞为讨好清廷,下令严厉处置涉嫌参加上海国会及自立军的诸将领。于是,唐才常、林锡圭、黎科等人被杀害,湘鄂志士秦力山、朱菱溪、陈犹龙等相继避往日本。① 章太炎因参列上海中国议会,被清廷悬赏通缉,又因那本具有"反满"思想的小册子《訄书》的出版受到再次通缉。至此,章太炎终日躲避追捕,成为一个无比坚定的革命家。

1901年春,流亡日本的梁启超鉴于中国困局,在自己主编的《清议报》上发表了《中国积弱溯源论》,讨论被迫走上近代的中国为什么在过去若干年积弱不振、举步维艰,认为根源不在于政府无能,而是人民愚昧,需要改造国民。针对梁启超的保皇立场,章太炎于1901年在秦力山主办的东京《国民报》上发表《正仇满论》,尖锐地批评梁启超:"梁子所悲痛者,革命耳;所悲痛于革命,而思以建立宪法易之者,为其圣明之主耳。"②

同年8月,回乡躲避的章太炎经好友吴保初介绍,庇往苏州东吴大学教书。东吴大学为美国传教士创办,充满自由和讨论的气氛,为章太炎宣传"排

---

① 《章太炎与支那亡国纪念会》,冯自由:《革命逸史》(上),新星出版社,2009年,第52页。

② 章太炎:《正仇满论》(1901年8月10日),上海人民出版社编:《章太炎全集·太炎文录补编》(上),上海人民出版社,2017年,第226页。

满"革命思想提供了良好的条件和土壤。在一年任教期间,章太炎利用课堂,积极宣传革命,抨击清王朝黑暗统治,很快为清廷耳目所侦知。尤其是他提出了《李自成胡林翼论》这一论文题目,世人皆知李自成是推翻大明王朝的农民起义领袖,早年章太炎就有与其让清夺取中国,不如让李自成来坐江山的议论,而胡林翼则是与曾国藩齐名的镇压太平军的清军将领,章太炎并举此二人而议论之,究竟想道出什么? 这样的议论立刻受到守旧派的指摘,江苏巡抚恩寿派人面见该校校长,谓"有乱党章某借该校煽惑学生作乱"①,要求予以逮捕。两江总督刘坤一、湖广总督张之洞、湖北巡抚端方、江苏巡抚恩寿、浙江巡抚任道镕,两个总督,三个巡抚,函电交加,密谋速治章太炎。孙宝瑄感叹说:"以天下之大,仇一匹夫。"②

1902 年初,章太炎得到南京来的电报,要他立刻赴沪。他还不明所以,好友吴保初派人前来告急,要他立即赴日本走避,东吴大学传教士也派了告急者前来通知他尽快躲开,正在杭州的孙诒让、宋恕等友人也得到信息,知道任道镕正在布置派人前来逮捕他,要他立即离开余杭。章太炎知道事已危急,遂于2 月 21 日抵沪,准备乘次日赴日本的轮船东渡。这是章太炎第五次被追捕。

2 月 28 日,章太炎第二次流亡日本,抵达横滨后,先与梁启超相见,暂寓《新民丛报》社。一到日本,他就欣喜地发现,与两年半前他初次来日时相比,情势已经发生了显著变化,留学生人数显著增加,1896 年留日学生仅十三人,到 1902 年已增至六百人。1900 年,出现了第一个留学生团体"励志会",其中许多成员曾回国参加唐才常发动的"自立军"起事。后来,章太炎又迁入东京牛込区天神町六十五番中国留学生公寓居住,每日与留学生聚会讨论革命"排满"的宣传方法。

当时,孙中山正旅居横滨,两人获得了密切往还的好机会。由于他们对革命方略和形势的看法一致、志同道合,大有相见恨晚之感。在孙中山的启迪

---

①　《章太炎事略》,冯自由:《革命逸史》(初集),中华书局,1981 年,第 54 页。

②　孙宝瑄:《忘山庐日记》(上),第 470 页,转引自汤志钧编:《章太炎年谱长编》(增订本)(下),中华书局,2013 年,第 611 页。

下,章太炎"援引义法,折其非违,而视听变法",章太炎的渊博学问和铮铮骨气,也使孙中山大为折服。孙中山按照秘密会社接待盟友的传统,为章太炎举行了隆重的欢迎仪式,使章太炎非常感动。后来章太炎自称:"逸仙导余入中和堂,奏军乐,延义从百余人会饮,酬酢极欢。自是始定交。"①孙中山每十天从横滨来一次东京,章太炎也多次由东京去横滨,相互往来,革命时机渐渐成熟。

图2-4 章太炎著《訄书》

其间,孙中山和章太炎共同商讨改革土地、赋税制度及建都问题,并初步形成革命程序论。章太炎《訄书》重印本的《定版籍》和《相宅》中便记录了他们当时讨论的情况。章太炎原先只考虑到革命后如何改革赋税制度,是孙中山引导他注意解决农民土地问题。特别值得指出的是,孙中山强调土地是自然物,不应听由地主垄断,不耕不稼不付出劳力者,不得有尺寸耕土,而工商业的贫富不均是由于付出的劳力、智力不同,所创造的价值也随之不同,因此,土地占有应当平均,而工商贫富则不可平均,这使章太炎对经济变革问题的思考有了一个新的理论基础。根据孙中山提出的设想,章太炎制定了一个平均地权的具体方案《均田法》:"凡土:民有者无得旷。其非岁月所能就者,程以三年。岁输其税什二,视其物色而衰征之。凡露田:不亲耕者使鬻之,不雠者鬻诸有司。诸园圃,有薪木而受之祖、父者,虽不亲雍,得有其园圃薪木,无得更买。池沼,如露田法。凡寡妻女子当户者,能耕,耕也;不能耕,即鬻。露田无得佣人。凡草莱:初辟而为露田园池者,多连阡陌,虽不躬耕,得特专利五十年。期尽而鬻之,程以十年。凡诸坑冶:非躬能开浚哲采者,其多寡阔狭,得恣有之,不以露田园池为比。"②这个土地革命方案的核心,

① 章太炎:《自定年谱》(1928年),上海人民出版社编:《章太炎全集·太炎文录补编》(下),上海人民出版社,2017年,第757页。

② 章太炎:《定版籍第四十二》,上海人民出版社编:《章太炎全集》(三),上海人民出版社,2018年,第279页。

就是消灭封建地主土地所有权,解决农民的土地问题,并保证工商矿业与大农业对于土地的需要。但是,这个方案因没有考虑如何依靠农民的自身斗争去实现,根本没有顾及中国农村极为复杂的现实,因而具有极为明显的空想成分。①

　　讨论建都问题时,他们对洪秀全定都南京的功过予以评价,又从战略、治国等角度评论各地建都之利弊,提出"谋本部则武昌,谋藩服则西安,谋大洲则伊犁,视其规摹远近而已"②。同时,孙中山还提出了革命程序论的初步设想:"……之政府易覆,外人之干涉不惧,所可虑者,吾中国人具帝王之资格,即人怀帝王之思想,同党操戈,外族窥郵[衅],亡吾祖国之先兆也。吾细思数年,厥有一法:夫拿破仑非不欲为民主也,其势不能不为皇帝,使华盛顿处之亦皇帝矣。华盛顿非必欲为民主也,其势不能不为民主,使拿破仑当之亦民主矣。中国数十行省之大,欲囊括而恢复之,必有数统帅,各将大军数十百万,各据战地,鸣叱往来。即使诸统帅慕共和之治,让权于民,为其旧部者,人人推戴新皇,各建伟业,咸有大者王、小者侯之思,陈桥之变所由来也。欲救其弊,莫若于军法、地方自治法间,绾以约法。军法者,军政府之法也。军事初起,所过境界人民,必以军法部署,积弱易振也。地方既下,且远战地,则以军政府约地方自治。地方有人任之,则受军政府节制,无则由军政府简人任之,约以五年,还地方完全自治,废军政府干涉。所约如地方应设学校、警察、道路诸政如何,每县出兵前敌若干,饷项若干。五年程度不及者,军政府再干涉之,如约则解。此军政府约地方自治者也。地方出兵若干,饷若干,每县连环会议,约于军政府,有战事则各出兵饷赴前敌,战毕除留屯外,退兵各地方。军帅有异志,则撤其兵饷,地方有不出兵饷者,军政府可会和各地方以惩之。此地方自治约军政府者也。军政府所过,地方自治即成,而以约法为过度绾合之用,虽有抱帝王

---

　　① 姜义华:《章太炎评传》,百花洲文艺出版社,2015 年,第 63 页。
　　② 孙中山:《与章太炎的谈话》(1902 年春),广东省社会科学院历史研究室等编:《孙中山全集》(第 1 卷),中华书局,1981 年,第 215 页。

政策者,谅亦无所施其计矣。"①

图 2-5　1900 年冬,孙中山与起义失败的自立军骨干人员在日本东京合
影。左起:尤列、唐才质、孙中山、秦力山、沈翔云

　　孙中山和章太炎定交,也影响了当时一大批留日爱国者对孙中山的看法。当时,唐才常自立军起义失败后,留日学生中秦力山等人开始同保皇主义决裂,转向革命。章太炎到达日本后,便与他们会合,每日讨论革命"排满"的宣传方法。其间,章太炎介绍他们和居住在横滨的孙中山相识,孙中山开始和留日学生接触,互相得到了了解,从而使孙中山的革命活动同留日学生的爱国斗争结合起来。后来,章太炎对此曾经有过几次记述。在《口授少年事迹》曾云:"至日本,与秦力山交。时中山之名已盛,其寓处在横滨,余辈常自东京至横滨。中山亦常由横滨至东京,互相往来,革命之机渐熟。"②在《秦力山传》中曾写道:"时香山孙公方客横滨,中外多识其名者,而游学生疑孙公骁桀难近,不与通。力山独先往谒之,会余亦至。孙公十日率一至东京,陈义斩斩,相与语,

————————

　　①　陈锡祺主编:《孙中山年谱长编》(上),中华书局,1991 年,第 278 页。
　　②　章太炎:《口授少年事迹》(1936 年 4 月 28 日),上海人民出版社编:《章太炎全集》(十一)《太炎文录补编》(下),上海人民出版社,2018 年,第 939 页。

欢甚,知其非才常辈人也。诸生闻孙公无佗狂状,亦渐与亲,种族大义始震播横舍间。"[1]

1902年4月26日即阴历三月二十日,是明崇祯皇帝殉国二百四十二周年。[2] 章太炎提议"欲鼓吹种族革命,非先振起世人之历史观念不可,今距是年三月十九日明崇祯帝殉国忌日未远,应于是日举行大规模之纪念会,使留学界有所观感"[3]。于是,章太炎与孙中山、秦力山等人商定,众人赞成,遂推章太炎起草宣言书,并定名曰"支那亡国二百四十二年纪念会"。其宣言书全文为:

夫建官命氏,帝者所以类族;因不失亲,天室由其无远。故玄黄于野者,战之疑也;异物来萃者,去之占也。维我皇祖,分北三苗,仍世四千九有九载。虽穷发异族,或时干纪;而孝慈干盅,未坠厥宗。自永历建元,穷于辛丑,明祚既移,则炎黄姬汉之邦族,亦因以澌灭。迴望皋渎,云物如故,维兹元首,不知谁氏?支那之亡,既二百四十二年矣。民今方殆,寐而占梦,非我族类,而忧其不祀。觉寤思之,毁我室者,宁待欧美?自顷邦人诸友,恝然自谋,作书告哀,持之有故。有言君主立宪者矣,有言市府分治者矣,有言专制警保者矣,有言法治持护者矣,岂不以讦谟定命,国有与立,抑其第次,毋乃陵躐?衡阳王而农有言:"民之初生,统建维君,义以自制其伦,仁以自爱其类,强干

---

[1] 《秦力山传》,上海人民出版社编:《章太炎全集》(九)《太炎文录续编》,上海人民出版社,2018年,第198页。

[2] 一说4月27日。据孔吉祥、村田雄二郎:《章太炎与支那亡国纪念会史实考略——兼论孙中山先生与此事件之关系》一文考证,"根据章太炎最初的设想,支那亡国纪念会召开的日期,是根据明朝亡国与崇祯皇帝殉国忌日而决定的。据日本外务省档案中所保存的《支那亡国二百四十二年纪念会启》原件所记召开日期为1902年4月27日,即农历三月二十日,而非三月十九日。'支那亡国二百四十二年'纪念,很可能是考虑到南明桂王永历十五年即1661年的亡国事件,而非明朝亡国的258年。因此,召开日期,自应是日期与年度分开考虑的。"

[3] 《章太炎与支那亡国纪念会》,冯自由:《革命逸史》(初集),中华书局,1981年,第57页。

善辅,所以凝黄中之细缊也。今族类之不能自固,而何他仁义之云云?"悲夫! 言固可以若是。故知一于化者,亦无往而不化也;贞夫观者,非贞则无以观也。且曼殊八部,不当数郡之众;雕弓服矢,未若飞丸之烈。而蓟丘、大同,鞠为茂草;江都、番禺,屠割几尽。端冕沦为辫发,坐论易以长踞。茸兹犬羊,安宅是处;哀我汉民,宜台宜隶。鞭棰之不免,而欲参与政权;小丑之不制,而期扞御晳族,不其怞乎! 夫力不制,则役我者众矣;莫之与,则伤之者至矣。岂无骏雄,愤发其所,而视听素移,民无同德,恬为胡娄,相随倒戈。故会朝清明者鲜睹,而乘马班如者多有也。吾属孑遗,越在东海,念大木之所生长,瞻太冲之所乞师,颖然不怡,永怀畴昔。盖望神丛、乔木者,则兴怀土之情;睹狐裘、台笠者,亦隆思古之痛! 于是无所发舒,则《春秋》恩王父之义息矣。昔希腊陨宗,卒用光复;波兰分裂,民会未弛。以吾支那方幅之广,生齿之繁,文教之盛,曾不逮是偏国寡民乎? 是用昭告于穆,类聚同气,雪涕来会,以志亡国。凡百君子,同兹恫瘝。愿吾滇人,无忘李定国;愿吾闽人,无忘郑成功;愿吾越人,无忘张煌言;愿吾桂人,无忘瞿式耜;愿吾楚人,无忘何腾蛟;愿吾辽人,无忘李成梁。别生类以箴大同,察种源以简蒙古,齐民德以哀同胤,鼓芳风以扇游尘,庶几陆沈之痛,不远而复,王道清夷,威及无外。然则休戚之薮,悲欣之府,其在是矣! 庄生云:"旧国旧都,望之畅然! 虽丘陵草木之缗,入之者十九,犹之畅然,况见见闻闻者耶?"嗟乎! 我生以来,华鬓未艾,上念阳九之运,去兹已远,复逾数稔,逝者日往,焚巢余痛,谁能抚摩? 每念及此,弥以腐心流涕者也! 君子![1]

会约三条:(一)无论官商士庶,凡属汉种皆可入会,和人有赞成者待以来宾之礼。(二)本会不取捐资,乐捐者听。(三)本会每岁开

---

① 章太炎:《中夏亡国二百四十二年纪念会书》,上海人民出版社编:《章太炎全集》(八),上海人民出版社,2018年,第192—194页。

设二次,会期临时择定,以阳历 4 月 9 日为限。①

在宣言书中,章太炎以深沉感人的文笔,饱含民族主义激情,历数清政府的野蛮、残暴与黑暗,他指出:若不推翻清王朝的统治,民主立宪和抵御殖民侵略者都将不可能。追求现代民主政治的现代化运动,反抗列强侵略的民族主义运动,都集中到推翻清王朝统治上,而推翻清王朝则又利用了明朝为清朝取代及满汉冲突的历史。这一事实表明,章太炎所从事所献身的革命,其内容确实是现代的,但其形式却是相当传统的。它表明,革命虽然已在实践中提上日程,但思想上、理论上却远未成熟。

宣言书既成,留学界初署名发起者十数人,后来有数人后悔,最后仅有十人署名。章太炎征求孙中山、梁启超为赞成人,将宣言书邮寄横滨《清议报》,托梁启超代为派送给当地华侨,借以广为宣传。孙中山、梁启超均复函表示赞成。香港《中国日报》发表宣言书,大事宣传,在香港、澳门、广州等地也产生了很大影响。

纪念会原定在东京上野精养轩举行,留学生报名赴会者达数百人。清朝驻日公使蔡钧事先得知这一计划,极为恐慌,于是亲访日本外务省要求日本警视总监出面禁止。会期前一日,章太炎等十人接到东京牛込区警察署通知书,传唤章太炎等人到警署面谈,要求解散纪念会。章太炎等

图 2-6　章太炎(前排右二)与留日学生合影

如约前往,章太炎穿长衣大袖,手摇羽扇,颇为路人所注目。日本警长问他:

---

① 陈锡祺主编:《孙中山年谱长编》(上),中华书局,1991 年,第 280 页。

"清国何省人?"他答道:"余等皆支那人,非清国人。"日警大为惊讶,继续问属何阶级:"士族乎? 抑平民乎?"章太炎答曰:"遗民。"①4 月 26 日这天,在日本军警阻拦下,数百名与会者不能进入精养轩。孙中山也从横滨带领华侨十余人参会,在弄清楚原委后,建议改在精养轩聚餐,以逃避警察们的刁难,正式的纪念会则改在当天下午返回横滨举行。

孙中山对于日本警察的无理干涉,表示强烈反对,对于章太炎、秦力山的大胆反清举动,则由衷钦佩,全力支持。当天下午,孙中山、章太炎、秦力山、冯自由、朱菱溪等六十余人从东京返回横滨,在永乐酒楼补行纪念仪式。孙中山任纪念会主席,章太炎宣读纪念辞,莅会者非常踊跃。会后,孙中山在永乐酒楼公宴章太炎等人,倡言全体与会者"各敬章先生一杯,凡七十余杯殆尽,太炎是夕竟醉不能归东京"②,生动地表现了他们这种亲密欢洽的关系,并传为佳话。

这次纪念活动是中国留日学生在海外第一次有组织的反清革命行动,也是孙中山和章太炎亲密合作的产物。在此次纪念会中,孙中山的补救举措和大力支持,让刚逃离虎口的章太炎深受触动,从而推动了留日学生的"反满"运动更进一步向前发展,更对留日学生组织革命团体起到了承前启后的重要作用。

这次交往前后不过三个月,孙章定交,关系重大。孙中山和章太炎二人志同道合,千载一会,正所谓"张良之赞汉高,刘基之佐明祖,犹未足以喻其得意"③,而且确认了孙中山是中国正在酝酿中的革命当之无愧的领袖。更值得注意的是,章太炎代表的是数百年来文化重心所在的江浙地区的学者,同这里多少具有改革倾向的名流学者有着广泛的社会联系。他同孙中山"定交",对改变孙中山在国内知识分子心目中的形象,具有重要的触媒作用。

---

① 冯自由:《中华民国开国前革命史》,广西师范大学出版社,2011 年,第 80 页。

② 《横滨支那亡国纪念会》,冯自由:《华侨革命开国史》,上海商务印书馆,1947 年,第 46 页。

③ 许寿裳:《章炳麟传》,中国言实出版社,2015 年,第 37 页。

第三章
同盟总部　分歧迭生

一　同盟蜜月

1902年12月4日,孙中山离开日本赴越南,抵达河内,他发动当地华侨建立革命组织,并争取法属印支政府提供武器援助。之后的三年,孙中山相继赴檀香山、美国、欧洲,向华侨及学生宣传革命,培养革命力量,收效颇多。

"支那亡国纪念会"不久,章太炎返回国内,东南地区的革命形势迅速发展。1902年秋冬,章太炎、蔡元培、吴敬恒、蒋维乔、叶瀚、黄宗仰、汪德渊等人在上海发起成立中国教育会,章太炎、蔡元培为董事,其会宗旨在于改良教育及编订完善教科书。10月17日,因清政府禁止学生言论,上海南洋公学发生罢课学潮,学校为严肃校纪开除了几名学生,全校学生两百多人声援宣布集体退学,向中国教育会求助。在蔡元培的倡议下,中国教育会决定开办爱国学社,收容这些学生。该社一改官办学堂所为,议论时政,已然成为东南各省学界的革命大本营。爱国学社开设期间,章太炎讲授国文,宣扬民族主义,非常激烈,讲稿时常在《苏报》发表,渐渐为清政府所忌惮。

1903年4月,留学日本的邹容、张继和陈独秀因严惩湖北留学生监督姚文甫,抓住了他通奸的丑行,闯入了姚的寓所,剪掉了姚文甫的辫子,对此,清公使蔡钧照会日本外务部要求惩处,他们闻讯后,被迫回国。邹容返回上海,来到中国教育会住了下来,拜访章太炎,二人一见如故。邹容将自己撰写的《革命军》书稿让章太炎审阅,章太炎看后大加称赞,并为之作序,让黄宗仰、蔡寅、陶赓熊筹措出版经费。章太炎撰写的《驳康有为政见书》与邹容的《革命军》同时出版,一经出版,风行一时,读者无不感动。当时冯自由等募资合印两书为《章邹合刊》十万册,分别寄往海内外各处,广为宣传。在《驳康有为论革命书》一文中,章太炎引经据典,对康有为的保皇观点进行了系统的批驳,阐述"排满"、进行种族革命的必要:"亦曰异种贱族,非吾中夏神明之胄,所为立于其朝者,特曰冠貂蝉、袭青紫而已。"①文中还将光绪帝比作"未辨菽麦"的"小丑",使清政府大为震怒。

图 3-1 邹容

接着,章太炎和邹容、章士钊等人又以《苏报》为阵地,展开革命宣传。《苏报》创刊于 1896 年,1900 年由陈范出资接办,他力倡变革,1902 年冬便在《苏报》上特辟"学界风潮"一栏,专门报道国内各地学生运动和留日学生爱国斗争的消息。1903 年 5 月 27 日,《苏报》由新任主笔章士钊主持,并聘请章太炎、蒋维乔、吴稚晖分别担任该报撰述。之后的《苏报》,实际上成为中国教育会和爱国学社的机关报,成为上海革命派的喉舌,全力宣传"排满"革命。章太炎等人在爱国学社宣传革命的活动,引起清政府的极大恐慌。是年秋,两江总督魏光焘奉清廷严谕,派道员俞明震到上海查办,要求上海公共租界工部局出面查封《苏报》,并向各领事提出第二次名单,内有蔡元培、章太炎、陈范、吴敬恒、邹容、黄宗仰六人的名字。被控诉人预先知道消息,多出走避难。章太炎不肯走,谓:"革命必流血,吾之被清政府拘拿,今为第六次矣。"②随后,工部局出示查禁《苏报》和爱国学社,先后捕走章太炎、程吉甫、陈仲岐、钱宝仁等人。7 月 1 日,邹容到巡捕房投案。这就是举世震惊的"苏报案"。1904 年 5 月 21 日,上海租界会审公廨宣判"苏报案",章太炎、邹容分别被判监禁三年和两年,监禁于上海西牢,均罚做苦工,期满逐出租界。

就在章太炎被捕后不久,孙中山结束了在越南半年多的旅居生活,回到日

---

① 章太炎:《驳康有为论革命书》,上海人民出版社编:《章太炎全集》(八)《太炎文录初编》,上海人民出版社,2018 年,第 187 页。

② 《章邹案及〈苏报〉案》,冯自由:《革命逸史》(上),新星出版社,2009 年,第 243 页。

本横滨。为了促进留日学生运动同孙中山领导的革命活动合流,章太炎特意致书孙中山,"尊称之为总统",希望他不仅要注重领导华侨和会党,还要注重对留日学生和知识分子的领导,并请张继送往日本。同年 11 月,当章士钊将宫崎寅藏所撰《三十三年落花梦》一书的有关部分译成《孙逸仙》中文版本正式出版时,章太炎慨然为该传记卷首题辞:"索虏昌狂泯禹绩,有赤帝子断其臂。掩迹郑洪为民辟,四百兆人视兹册。"①以赤帝子比喻孙中山,确认孙中山将继承郑成功、洪秀全的反清精神和事业而成为四万万人的领袖,充分表现了他对孙中山是如何衷心地拥护。事实上,当时在国内,很多人对于孙中山还不够了解,正如章士钊所述:"其时天下故懵然不知孙氏为何人也",所以《孙逸仙》一书出版,大大有助于人们对孙中山的了解。

在狱中,章太炎和邹容被指令从事苦役,敲碎石子,狱卒又任意凌辱、虐待他们。章太炎决定以绝食相抗。为此,他被关进了铁木监,结果绝食七日未死。由于章太炎的倔强抗争,加上中国教育会与光复会友人在狱外多方疏通,章太炎与邹容由苦役改为做裁缝。1905 年 3 月,邹容突然病倒,病势日益加重,于出狱前一月病逝狱中。

1906 年 6 月 29 日,章太炎三年监禁期满出狱。这一天,蔡元培、于右任、柳亚子、刘光汉、熊克武等人和同盟会总部从东京派来的代表龚炼百、仇式匡、邓家彦,早早来到狱外,迎候他出狱。上午 10 时许,章太炎获释,被欢迎者拥至中国公学休息。当时熊克武问章太炎:"你准备去哪里?"章太炎说:"中山在哪里,我就去哪里。"同盟会总部代表即邀请他赴东京,和孙中山共同致力于革命事业。章太炎马上表示:"孙逸仙与吾辈同气,

图 3 - 2　孙中山手书的
　　　同盟会纲领

---

① 章太炎:《孙逸仙题辞》(1903 年),上海人民出版社编:《章太炎全集·太炎文录补编》(上),上海人民出版社,2017 年,第 248 页。

允宜合作。"①香港、厦门等地发来十多起电报,祝贺他光荣出狱。当晚,他即乘轮离开上海,第三次流亡日本。

当章太炎再次来到日本时,他所期盼的革命力量在孙中山的领导下已经实现联合,即1905年8月20日中国同盟会在东京成立。同盟会将原先兴中会、华兴会、光复会等一批地域性革命团体集合到一起,组成一个全国性革命政党,并确定了"驱除鞑虏、恢复中华、创立民国、平均地权"的革命纲领,建立了总部及各地方分支机构。孙中山任同盟会总理,黄兴任庶务,负责执行部,对全国革命活动统一进行部署。章太炎经横滨到达东京后,7月7日即由孙毓筠做介绍人,由孙中山主盟,加入同盟会。旋即,就被同盟会总部委任为同盟会机关报《民报》编辑人和发行人,住进东京牛込区新小川町二丁目八番地《民报》社。

来到东京后,章太炎立即深深感受到,无论是在留日中国学生中,还是在国内各省,革命力量已经十倍、百倍地扩大,革命已经成了中国社会转折中众多呼声内的最强音。1906年7月15日,东京留学生六千多人于神田锦辉馆举行集会,热烈欢迎章太炎,当时正在下雨,许多人进不了会场,冒雨站在会场外面,一直坚持到散会,为留学界空前之盛会。章太炎深受感动,他在演说中说:

> 壬寅春天,来到日本,见着中山,那时留学诸公,在中山那边往来,可称志同道合的,不过一二个人。其余偶然来往的,总觉得中山奇怪,要来看看古董,并没有热心救汉的心思。暗想我这疯颠的希望,毕竟是难遂的了,就想披起袈裟做个和尚,不与那学界政界的人再通问讯。不料监禁三年以后,再到此地,留学生中助我张目的人,较从前增加百倍,才晓得人心进化,是实有的。以前排满复汉的心

---

① 《中华两英杰——孙中山和章太炎》,章念驰:《我的祖父章太炎》,上海人民出版社,2011年,第203页。

肠,也是人人都有,不过潜在胸中,到今日终得发现。自己以前所说的话,只比得那"鹤知夜半,鸡知天明"。……到了今日,诸君所说的民族主义的学理,圆满精致,真是后来居上,兄弟岂敢自居先辈吗?①

革命形势发展了,倾向革命的人越来越多了,要将五湖四海的革命者、半革命者——虽倾向革命但仍不时动摇的人、附和革命者——随革命潮流而动的人,集合成为一支有组织的力量,核心问题就是建立一个近代型的革命政党。这样的政党,要有明确的奋斗目标和行动纲领,要有稳定的领导中枢和能够将分散的各种力量集中起来的各级组织机构,要有明晰的活动方略和准确及时的决策。

对此,在留日学生举行的欢迎大会上,章太炎提出,一要"用宗教发起信心,增进国民的道德",二要"用国粹激动种性,增进爱国的热肠"。② 他希望通过提倡宗教和国粹,使革命党人思想上和感情上真正融洽起来,行动上真正团结起来,变各分散的力量为一支真正组织紧密的力量。

当1906年7月章太炎来到日本时,孙中山正在新加坡、吉隆坡、西贡等南洋一带活动,发展同盟会组织,指导武装起义的准备工作。10月9日,孙中山返回日本,与章太炎久别重逢,他们都为革命形势的迅速发展感到欢欣鼓舞。这一时期,孙中山住在东京牛込区筑土八幡町二十一番地,与《民报》社相隔不远,章太炎每天都要步行到孙中山寓所,和他共同商讨革命方略,指导同盟会的工作。章太炎的学生许寿裳后来回忆说:"凡开国的典章制度,多与先生商榷,先生亦佩服国父的善于经画","国父和先生二人,志同道合,千载一会,张良之赞汉高,刘基之佐明祖,犹未足以喻其得意"。③

为了给中国同盟会提供更为系统而全面的行动准则,章太炎和孙中山、黄

---

① 章太炎:《东京留学生欢迎会演说辞》,上海人民出版社编:《章太炎全集》(十四)《演说集》(上),上海人民出版社,2018年,第1—2页。

② 汤志钧编:《章太炎年谱长编》(上),中华书局,1979年,第212页。

③ 许寿裳:《章炳麟传》,中国言实出版社,2015年,第30页。

兴一道制定了《革命方略》，包括《军政府宣言》《军政府与各处民军关系条件》《军队之编制》《将官之等级》《军饷》《战士赏恤》《军律》《招军章程》《招降清朝兵勇条件》《略地规则》《因粮规则》《安民布告》《对外宣言》《招降满洲将士布告》《扫除满洲租税厘捐布告》等十五件文告。这是他们为各地同盟会成员发动武装起义、建立革命政权而制定的各项具体政策。在这些文告中，强调了"前代为英雄革命，今日为国民革命"，"虽经纬万端，要其一贯之精神，则为自由、平等、博爱"，倡导"由平民革命以建国民政府"①。这些文告，非常明确地宣布：革命党所要建立的是"国民平等之制"，这就是"以四万万人一切平等，国民之权利义务无有贵贱之差，贫富之别，轻重厚薄，无稍不均"，这也就是"举中国数千年来君主专制之治一扫空之"，不再以国家为君主一人之私产，而以国家为人民之公产，"凡人民之事，人民公理之"。②

《革命方略》的制定，使革命党人的目标更加明确，行动准则趋向统一。之后，革命党人将其编制成油印品，作为革命党的行动纲领。在潮州、黄冈及惠州七女湖、防城、镇南关、河口、广州诸战役中，都曾用过。

1906 年 12 月 2 日，中国同盟会在东京神田锦辉馆举行《民报》周年纪念大会，到会者五千余人，会场"四壁悬挂欢迎及庆祝的对联，万国旗帜，交悬在中间"③，成为辛亥革命前留日学生与革命党人在东京举办的最盛大的一次集会。大会由黄兴主持，章太炎致祝词，只见他"气度沉雄，声音弘朗"，谓：

> 我汉族昆弟所作《民报》，俶载至今，适盈一岁。以皇祖轩辕之灵，洋溢八表，方行无阂。自兹以后，惟不懈益厉，为民斗杓，以起征胡之铙吹，流大汉之天声，白日有灭，星球有尽，种族神灵，远大无极！

---

① 孙中山：《军政府宣言》，广东省社会科学院历史研究室等编：《孙中山全集》（第 1 卷），中华书局，1981 年，第 296—297 页。

② 孙中山：《扫除满洲租税厘捐布告》，广东省社会科学院历史研究室等编：《孙中山全集》（第 1 卷），中华书局，1981 年，第 318 页。

③ 陈锡祺主编：《孙中山年谱长编》（上），中华书局，1991 年，第 385 页。

敢昭告于尔丕显皇祖轩辕烈祖金天、高阳、高辛、陶唐、有虞、夏、商、周、秦、汉、新、魏、晋、宋、齐、梁、陈、隋、唐、梁、周、宋、明、延平、太平之明王圣帝，相我子孙，宣扬国光，昭徼民听。俾我四百兆昆弟同心勠力，以底虏酋爱新觉罗氏之命，扫除腥膻，建立民国，家给人寿，四裔来享。呜呼！发扬蹈厉之音作，而民兴起，我先皇亦永有依归！《民报》万岁，汉族万岁，中华民国万岁。①

会上，日本人池亨吉、北一辉、萱野长知及宫崎寅藏等出席并讲话。大会记录胡汉民撰写《记十二月二日本报纪元节庆祝大会事及演说词》载《民报》第10号。从早晨8时到下午2时，孙中山、黄太炎、宫崎寅藏、平山周、萱野长知、田桐、乔义生、覃振、刘揆一等二十余人进行演说。其中，孙中山演讲两小时，"态度安详，声音清爽，不愧为演讲名家，听众欢迎，自不待言"②。演讲内容主要是解释三民主义与五权宪法的内涵。他说：

> 《民报》发刊以来已经一年，所讲的是三大主义：第一是民族主义，第二是民权主义，第三是民生主义。……民族主义，并非是遇着不同族的人便要排斥他，是不许那不同族的人来夺我民族的政权。……至于民权主义，就是政治革命的根本。……中国数千年来都是君主专制政体，这种政体，不是平等自由的国民所堪受的。要去这政体，不是专靠民族革命可以成功。……政治革命的结果，是建立民主立宪政体。……我们实行民族革命、政治革命的时候，须同时想法子改良社会经济组织，防止后来的社会革命，这真是最大的责任。……总之，我们革命的目的是为众生谋幸福，因不愿少数满洲人专利，故要民族革命；不愿君主一人专利，故要社会革命；不愿少数富人专利，

---

① 《中国同盟会史略》，冯自由：《革命逸史》（第二集），中华书局，1981年，第145—146页。

② 陈锡祺主编：《孙中山年谱长编》（上），中华书局，1991年，第385页。

故要社会革命。这三样有一样做不到,也不是我们的本意。达了这三样目的之后,我们中国当成为至完美的国家。①

章太炎又接着就如何进行革命的问题讲话,他指出:"以前的革命,俗称强盗结义;现在的革命,俗称秀才造反。强盗有力量,秀才没有力量,强盗仰攀不上官府,秀才仰攀的上官府",于是,有些革命党人便想借助于督抚的权力,发动所谓"督抚革命"。② 针对这种错误倾向,章太炎提出了中肯的批评和告诫。

二 论辩革命与改良

革命与改良的论战,是在革命党与保皇党之间展开的。戊戌变法之前,康有为、梁启超以救国为号召,其中,康有为在北京创办强学会,梁启超在上海创办《时务报》,二人提倡新学,名动一时,对于国内政治的革新及青年思想的进步起到了很大的推动作用。当时,孙中山、杨衢云、陈少白等革命党人与他们亦有诸多来往,共同商讨革命。然而戊戌变法失败后,康、梁成立保皇会,坚持保皇,反对革命,于是革命党人痛斥其"忘亲事仇,残同媚异"③,遂以海内外两党机关报展开大论战,视同敌人。

当时,革命党在各地的机关报有《中国报》《民生日报》《大同报》《民报》《中兴报》《自由新报》《华英报》《大汉报》《少年报》,保皇党在各地的机关报有《岭海报》《商报》《新中国报》《文兴报》《新民丛报》《南洋总汇报》《新中国报》《日新

图 3-3 同盟会机关报《民报》

① 孙中山:《在东京〈民报〉创刊周年庆祝大会的演说》(1906 年 12 月 2 日),广东省社会科学院历史研究室等编:《孙中山全集》(第 1 卷),中华书局,1981 年,第 323—331 页。
② 《纪十二月二日本报纪元节庆祝大会事及演说辞》,《民报》第 10 号。
③ 冯自由:《中华民国开国前革命史》,广西师范大学出版社,2011 年,第 26 页。

报》《世界报》。在日本东京,创刊于 1905 年 11 月 26 日的《民报》已经出版了
五期并号外一份,编辑人兼发行人是张继,主要撰稿人有胡汉民、汪精卫、陈天
华、宋教仁等。根据简章,《民报》有六大宗旨:一、倾覆清朝之恶劣政府;二、建
设共和政体;三、土地国有;四、维持世界真正之和平;五、主张中国、日本两国
之国民的联合;六、要求世界列国赞成中国革新之事业。[①] 前三项为对内主张,
概括为民族、民权、民生三大主义,后三项为对外主张,倡导社会革命与政治革
命并行。同盟会的主笔们大力宣传这些主张,并围绕着要不要进行推翻清王朝
的暴力革命、要不要建立共和国、要不要进行以解决土地问题为核心的社会革
命这三大问题,同梁启超主编的《新民丛报》展开了激烈的论战,使《民报》迅速取
得了革命舆论的主导地位。

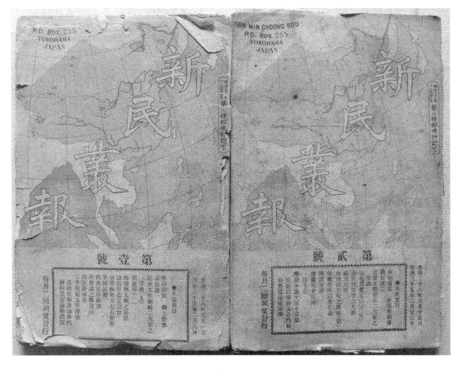

图 3‑4　保皇党机关报《新民丛报》

---

① 中国国民党中央委员会党史史料编纂委员会编:《革命文献》(第 2 辑),"中央"文物供
应社,1958 年,第 79 页。

　　章太炎出狱后来到日本，受聘为民报社社长。从 1906 年 7 月 25 日主编《民报》第 6 号至 1908 年 10 月《民报》被日本当局封禁为止，章太炎主持的《民报》与梁启超主持的《新民丛报》就革命与改良进行了持续深入的论战，对宣传同盟会的革命方略包括民族革命、政治革命、社会革命理论及革命的策略路线战线做出了重要贡献。

　　革命与改良的论战，应当说章太炎是发起者之一。1901 年他的《正仇满论》，指出只有通过流血革命，推翻清王朝统治，中国才能发展为近代民族国家，正面批驳了梁启超的《中国积弱溯源论》。1903 年他的《驳康有为论革命书》，正面批驳康有为的《论中国只可行立宪不可行革命书》。中国同盟会成立后，革命党人和保皇党人分别以《民报》和《新民丛报》为主要阵地，当章太炎仍在上海西牢服刑时，就已经展开了全面论战。代表同盟会一方同《新民丛报》

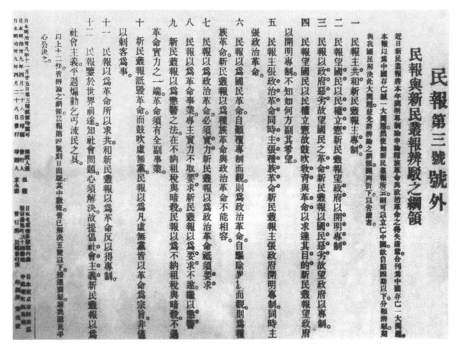

图 3-5　章太炎担任《民报》主编后，与保皇党展开了持续的论战。这是《民报》第 3 号
　　　　号外刊登的革命派同保皇派论战的提纲

论战的主要成员是汪精卫、胡汉民、朱执信、冯自由、张继、汪东等人。当章太炎接掌《民报》之时，这两个刊物论战正酣。

章太炎刚到日本时，很重视梁启超这位对手，向人说过："与其诛数张之洞，不如诛一梁启超。张之洞虽愚，不足以害学界。梁启超虽无学问，直足以惑群盲。"①新一轮论战的导火线是梁启超所撰写的《开明专制论》及《申论种族革命与政治革命之得失》等文章。1906 年 4 月 28 日《民报》第 3 号号外宣布了《民报》与《新民丛报》"辩驳之纲领"共十二项，中心是中国要共和还是要开明专制？中国是国民恶劣还是政府恶劣？中国是否需要民族革命及提倡解决社会问题的社会主义？《民报》从第 4 号开始，对梁启超的论点逐条加以驳斥，揭露他的立论自相矛盾，使梁启超大感狼狈，不得不承认这是实情，却又引用王阳明"良知"说替自己辩解。《民报》发表文章予以驳斥，揭露梁启超把改过与变节混为一谈，从政治上斥责他的投机和伪善。

1906 年 7 月 21 日，《新民丛报》出版的第 83 号上发表了徐佛苏的一篇题为《劝告停止驳论意见书》的文章，建议两刊停止互相攻讦。梁启超希望通过徐佛苏出面调停，使革命党不再反对他的温和主张，他也不再非难革命之进行。《民报》第 9 号和第 10 号分别发表了汪精卫的《答佛公》和弹佛（汪东）的《驳佛公劝告停止驳论意见书》，拒绝了徐佛苏的调和，论战继续进行下去。1907 年 1 月，梁启超又托徐佛苏与蒋智由出面和宋教仁、章太炎晤商，章太炎曾表示可以考虑"许其调和"②，但孙中山、胡汉民、黄兴都表示反对，两刊和解终未达成。1907 年 3 月，孙中山和汪精卫、胡汉民等人离开日本赴南洋，他们转而以新加坡的《中兴日报》为主要阵地同当地的《南洋总汇报》展开论战，《民报》上论战文章篇幅略减。但是，直到 1907 年 8 月《新民丛刊》停刊以后，批驳的文章仍在继续。

在 1906 年 7 月至 12 月出版的《民报》第 6 至第 10 各号中，章太炎发表了

---

① 《来函》，《民报》第 5 号，1906 年 6 月 26 日。

② 汤志钧编：《章太炎年谱长编》（上），中华书局，1979 年，第 233 页。

汪精卫、胡汉民等人撰写的《驳革命可以召瓜分说》《再驳〈新民丛报〉之政治革命论》《满洲立宪与国民革命》《驳革命可以生内乱说》《杂驳〈新民丛报〉第十二号》《排外与国际法》《就论理学驳〈新民丛报〉之论革命》《答新民难》《复仇论》等十多篇论战文章,经常占到一半以上篇幅。

章太炎本人也撰写了长篇论文,对梁启超等人的论点进行批驳。他曾说:"余以胡、汪诘责卓如,辞近诟谇,故持论稍平。"①胡、汪,即胡汉民、汪精卫;卓如,即梁启超。所谓"持论稍平",其实主要是更加注意说理,避免人身攻击。但与此同时,也能明显看出,正是在论战中,章太炎吸取了论敌立论中的不少合理部分,进一步充实与发展了自己的革命理论。

围绕民族主义,保皇主义者反对进行民族革命的一部具有影响的理论著作,是英国社会学家甄克思所著、严复译述的《社会通诠》一书。甄克思将人类社会分为图腾、宗法、军国三种形态,而将重视区分民族界限、热衷倡导民族主义说成是宗法社会的思想意识。严复以这一理论为依据,否定了以"反满"为直接目标的民族主义革命。甄克思与严复的这一理论,被保皇派人士反复援引,用以反对推翻清朝统治的革命,反对展开反对帝国主义侵略的群众斗争。

针对严复译述著录的《社会通诠》一书及保皇派的论调,章太炎在1907年3月出版的《民报》第12号上发表了《〈社会通诠〉商兑》一文,详细申论了民族主义的时代特征和社会本质,正面驳斥了甄克思和严复的观点,给否定"反满"与反帝斗争的种种观点以有力的反击。章太炎指出:"民族主义者,与政治相系而成此名,非脱离于政治之外,别有所谓民族主义者。"中国革命党人所倡导的民族主义,其社会本质究竟是什么呢? 章太炎说:"所为排满洲者,岂徒曰子为爱新觉罗氏,吾为姬氏、姜氏,而惧子之殽我血胤耶? 亦曰覆我国家,攘我主权而已。故所挟以相争者,惟日讨国人,使人人自竞为国御侮之术。此则以军

---

① 章太炎:《自定年谱》(1928年),上海人民出版社编:《章太炎全集》(十一)《太炎文录补编》(下),上海人民出版社,2018年,第759页。

国社会为利器,以此始也,亦必以终。"①章太炎在论战中伸张了革命党人进行"反满"斗争的正义性,也通过论战纠正了先前一些不妥当的提法,更为明确地给"反满""排满"的时代性内容做了阐释,使中国同盟会的民族主义纲领进一步充实。

在说明民族革命内涵的同时,章太炎突出了反对帝国主义侵略与奴役的内容。他尖锐地揭露了帝国主义对华经济侵略与政治控制的危害性,并清楚指出了"中人以下"是帝国主义侵略的主要受害者。保皇派说,只要不革命,不去刺激帝国主义,帝国主义就不会干涉和瓜分中国。章太炎指出,事情恰好相反。英国窥伺西藏,沙俄染指东北、外蒙古、新疆,这是出于他们由来已久的野心。因此,要避免帝国主义瓜分中国,唯一的指望就是革命,因为革命才能挫抑帝国主义者的侵略气焰。

围绕以民权、民生为中心的政治革命,同盟会的奋斗目标之一,就是创立足以保障人民民主权利的共和国。章太炎在《民报》上陆续发表了《官制索隐》《中华民国解》《五无论》《国家论》《政闻社大会破坏状》《与马良书》《代议然否论》等文章,集中地体现了对国家治理的探索成绩,并提出了自己的国家学说,要点有三:"一、国家之自性,是假有者,非实有者;二、国家之作用,是势不得已而设之者,非理所当然而设之者;三、国家之事业,是最鄙贱者,非最神圣者。"②章太炎的国家学说与梁启超所鼓吹的伯伦知理"国家至上"论、"国家为主体,人民为客体"论尖锐对立。

国家制度的问题是决定革命的性质、进程和结构的根本问题。它一直是革命派注意的中心问题,是《民报》与《新民丛报》论战的焦点。梁启超鼓吹"君主为国家统治之主体,而领土及臣民为国家统治之客体"的国家论,汪精卫、胡汉民等人曾给予有力地驳斥,他们对于欧美共和制及代议制曾热烈地讴歌过,

---

① 章太炎:《〈社会通诠〉商兑》,上海人民出版社编:《章太炎全集》(八)《太炎文录初编》,上海人民出版社,2018年,第346页。

② 《国家论》,上海人民出版社编:《章太炎全集》(八)《太炎文录初编》,上海人民出版社,2018年,第484页。

甚至以为那一套制度可以完美无缺地集合民意,保障民权。章太炎则指出,共和制度是必不可少的一个过渡阶段,但是必须通过民众充分有效地监督议员的办法,这种共和制度方才可取。

1906 年 9 月,清政府发布了预备仿行立宪的上谕。1907 年 2 月,康有为把保皇会改名为"国民宪政会",准备做一个举国大政俱归其执掌的执政党。梁启超为了加强同国内立宪派头面人物郑孝胥、张謇、汤寿潜、汤化龙及袁世凯、岑春煊、端方等人的联络,拉了主要在上海活动的马良等人,组织了"政闻社",10 月 17 日在东京举行了成立大会。上海、湖北、湖南、广东等地官、绅、商、学各界名流分别建立了预备立宪公会、宪政筹备会、宪政公会、自治会。1908 年 9 月,清廷正式公布《钦定宪法大纲》,宣布以九年为预备立宪期限。

针对声势日大的立宪运动,章太炎在《民报》上对清朝预备立宪的骗局作了无情的揭露,对立宪党人作了严正的批评。当梁启超、蒋智由等人组织政闻社时,章太炎就反复强调指出:"宪政者,特封建世卿之变相。"他认为,基于中国当时社会构成,当选为议员者,不可能是一般平民,而只能是达官显贵。针对清廷的立宪活动,章太炎在《庚宪废疾》中,对清廷颁布的《钦定宪法大纲》作了详细的剖析,充分论证了这个大纲"不为佐百姓,亦不为保国家,惟拥护皇室尊严是急",并断定它绝不可能有什么生命力,纯属是一场政治骗局。

正如鲁迅后来说,真是"所向披靡、令人神旺",驳得保皇派败下阵来。《新民丛报》从此一蹶不振,只好关门停办,革命党取得了大论战的胜利。孙中山曾高度评价章太炎主笔的《民报》的贡献,说:"《民报》鼓吹三民主义,遂使革命思想弥漫全国,自有杂志成功以来,可谓成功最著者。"

三 第一次"倒孙"风潮

"蜜月"不久便告结束,围绕着革命的策略路线,孙中山和章太炎之间矛盾和冲突逐渐产生,后来甚至发展到反目成仇的地步。围绕《民报》经费问题,发生了第一次"倒孙"风潮。

事端起于 1906 年 12 月萍浏醴起义后，1907 年 1 月孙中山在东京发表演说，"高唱三民主义，推倒清朝政府，谓中国革命之目的在灭满兴汉"[①]。以此为发端，直隶总督袁世凯向清廷献策，要求对日进行交涉，由日本政府出面查禁革命党，将孙中山驱逐出日本，并让日本中央大学、早稻田大学开除 39 名与革命党有关系的留学生。按照日本政府当时的法律，政治犯是不能驱逐出境的。是时，日本正在中国东北扩张其势力，要从清政府手中攫取更多利益，而孙中山和同盟会正是他们手中用以向清政府讨价还价的筹码。于是，日本政府采取了两全取巧的政策，一方面，向清政府表示宣布驱逐孙中山出境；另一方面，考虑到如果革命党人将来革命成功后，要与中国继续保持友好关系，力争不得罪革命党人。

当时，清政府由庆亲王奕劻亲笔致函在东京的韩国统监伊藤博文，伊藤博文遂与黑龙会首脑内田良平商议，认为压制中国革命派将来对日本扩张势力不利，于是商议以劝孙中山自行离开日本为上策，交由内田与日本外务省交涉。经与外务省政务局长山座圆次郎会商结果，以孙中山三年后可以重返日本为条件，并由山座予以离开费用。其后，为了让孙中山同意离开日本，伊藤博文授意内田良平宴请孙中山，以劝告之。1907 年 2 月 25 日，内田良平在赤坂三河屋宴请孙中山、章太炎、刘揆一、鲁文卿、胡汉民等人，宫崎寅藏、清藤、和田等人作陪。席间，内田良平转达了在日本政府驱逐之前离日的劝告，孙中山决定离开日本。[②] 3 月 4 日，孙中山被日本当局逼迫离境，汪精卫、胡汉民、池亨吉等人陪同。离开前，东京证券商铃木五郎资助孙中山一万元，日本外务省秘密交付孙中山八千元。孙中山急于用这笔款去南方边境发动起义，便以一千元用于举行告别宴会，以两千元交章太炎作《民报》经费，其余款项全部带往南洋筹划起义。

由于孙中山来不及在同盟会本部讨论接受赠款的问题，加之同盟会的日

---

① 陈锡祺主编：《孙中山年谱长编》（上），中华书局，1991 年，第 397 页。
② 陈锡祺主编：《孙中山年谱长编》（上），中华书局，1991 年，第 395 页。

本浪人平山周、北辉次郎、和田三郎等乘机挑唆，向同盟会总部成员透露了外务省秘密赠款一事，以致引起了一些会员对孙中山的疑忌。事先，章太炎因《民报》经费困难，曾要求孙中山将铃木赠款全部留给《民报》使用，这时又听说孙中山还另外接受了日本政府的秘密赠款，便对孙中山未给民报社留下更多经费不满，尤其反对孙中山不对日本提出抗议而接受日本政府赠款自行离日，认为孙中山这样做违背了革命的道德，因而气愤地取下了《民报》社中悬挂的孙中山像，在相片上挥笔写了"卖《民报》之孙文应即撤去"十个大字，并提议革除孙中山的同盟会总理职务。章太炎还不解恨，他要让孙中山知道自己对他的指责和不满，于是将相片直接寄给孙中山。

图 3-6　潮州黄冈起义军誓师出发情形

1907 年 5 月至 6 月，孙中山所指挥的潮州黄冈起义、惠州七女湖起义相继失败，消息传来，犹如火上浇油，章太炎、张继便正式要求庶务干事刘揆一召集同盟会总部会议，罢免孙中山总理职务，改选黄兴为总理，以刘揆一代行总理职权；改组同盟会总部，推荐日本人北辉次郎和和田三郎为同盟会总干事。当时，党内成员也多有歧见。据谭人凤记述："东京为全国志士荟萃之区，《民报》又为同志总机关，最重要之处所。中山身为总理，橐贮多金，仅以五百金予之，以后还听其自生自灭。异哉！且丈夫重意气，日政府既无理干涉，堂堂总理,受此万金何为? 厥后日人对我党,日存鄙夷之见,何莫非因此事以启其轻侮之心耶? 吁! 可慨也矣。"①

庶务干事刘揆一不同意召开同盟会总部会议,更不同意罢免孙中山。他一再向章太炎、张继等人解释,称:"以孙总理受此款时,留给民报社维持费二千元,余悉以供潮惠党军急需,诚非得已。又深知公素以实行革命为务,绝不居此空虚总理之名,且方与孙总理共谋粤东首义,万一因总理二字而有误会,使党军前途,顿生阻力,非独陷害孙、黄二公,实不啻全体党员之自杀。"②章太炎、张继等听不进刘揆一的解释,张继甚至为此与刘揆一不惜以老拳相见。介于党内纠纷不断,刘揆一曾发函给冯自由、胡汉民,请他们劝说孙中山,向东京总部"引咎谢罪,以平众愤"。孙中山复函称:"党内纠纷,惟事实足以解决,无引咎之理由可言。"③

正当刘揆一一筹莫展的时候,同盟会总部收到了黄兴的一封信。黄兴对同盟会内部的分裂了如指掌,对此表示十分痛心。他在信中告诉大家,他此时正与孙中山策划一次新的起义,起义需要获得资金的支撑,孙中山出于公心,并没有被日本政府收买,并语重心长地说:"革命为党众生死问题,而非个人名位问题,孙总理德高望重,诸君如求革命得有成功,乞勿误会,而倾心拥护,且免陷兴于不义。"④黄兴的来信,使同盟会总部的多数人对孙中山尽释前嫌,张继主动表示认错,只有章太炎不改初衷。不管章太炎的态度如何,同盟会总部"倒孙"风潮总算告一段落。

不久,又因运械事件,双方误会进一步加深。1906 年 12 月,同盟会发动了萍浏醴起义,以失败告终。孙中山密切关注形势,准备东山再起。1907 年初,广东钦州发生民众抗捐运动,孙中山决定趁势发动起义。9 月,孙中山派萱野长知赴日本购买一批日本军队淘汰的旧枪械。在宫崎寅藏等人的协助

---

① 陈锡祺主编:《孙中山年谱长编》(上),中华书局,1991 年,第 397 页。
② 陈锡祺主编:《孙中山年谱长编》(上),中华书局,1991 年,第 406—407 页。
③ 冯自由:《中华民国开国前革命史》,广西师范大学出版社,2011 年,第 145 页。
④ 陈锡祺主编:《孙中山年谱长编》(上),中华书局,1991 年,第 407 页。

图 3-7 《时报》刊登的有关钦州、廉州、防城起义消息

下,购得村田式快枪两千支,每支枪配弹六百发;短枪三十支,配子弹若干;另购军刀若干。由于中日两国当时军事力量的差距,村田式快枪在日本虽然已经属于落后枪械,在中国却属于较好的武器。武器装运上船后,按计划驶往中国南海。

章太炎、宋教仁等从平山周、和田三郎处获知这批枪械属明治十八年式，陈旧不堪作战，认为孙中山一定是不知内情，于是急忙电告香港《中国日报》，说"械劣难用，请停止另购"。章太炎的这个电报等于将孙中山购买武器之事公之于众，因此这批枪械在运往汕尾海面时，因接运失误，未能卸下，购械计划搁浅。装运枪械的日轮转往香港，被港英当局勒令立即返日，返抵日本港口时，又被日本警察当局将枪械全部扣留。孙中山得知事情真相后，极为恼怒，认为章太炎、宋教仁是泄露机密，破坏战机，对同盟会总部不复信任。孙中山在 1907 年 9 月 13 日给宫崎寅藏的信中，便叮嘱宫崎，关于日本之运动，宜秘密行事，"即本部中人及民报社中人亦不必与之商议"①。又派林文返回东京，禁止章太炎等再干预军事。

运械事件以后，同盟会发生了很大变化。孙中山出于对同盟会总部和《民报》的不信任，将革命的重点转移至南洋，有意无意地冷落了同盟会总部及《民报》。在孙中山的感召下，胡汉民、汪精卫、朱执信等人先后由日本到达南洋。不久，张继离开日本远赴欧洲。这么一来，东京的同盟会总部所剩骨干寥寥无几。孙中山此后发动黄冈、河口等一系列起义，没有再使用同盟会名义。

四　《民报》封禁风波

作为中国同盟会的机关报，《民报》自创办以来，积极进行"反满"革命思想主张的宣传工作，对清政府的威胁越来越大。尤其是自 1906 年 7 月章太炎主持《民报》后，注重革命主张与路线的宣传工作，使《民报》不仅在海外有影响，而且在国内知识界的影响也迅速扩大。章太炎在《民国光复》演讲中曾说：

> 三年期满，出狱东渡，同盟会已由孙中山、黄克强等成立，以余主

①　孙中山：《致宫崎寅藏函》，广东省社会科学院历史研究室等编：《孙中山全集》（第 1卷），中华书局，1981 年，第 343 页。

《民报》。初,孙之兴中会可号召南洋华侨,黄之华兴会可号召沿江会
党,徐锡麟等之光复会可号召江、浙、皖士民,三党纠合为同盟会,惟
徐锡麟未加入。黄克强系两湖书院出身,留学生亦多通声气。国内
文学之士则未能生影响。自余主笔《民报》,革命之说益昌,入会之士
益众,声势遂日张。①

章太炎主持《民报》后,积极倡导"平民革
命",努力促进革命党的思想建设,深入批判
保皇主义,支持在国内发动武装斗争,使《民
报》既保持了此前的革命精神,又显示了鲜明
的个人特色。在孙中山率胡汉民、汪精卫等
人离日赴南洋以后,一方面由于同盟会内部,
特别是章太炎与孙中山之间围绕经费使用、
购买日本军械等事产生误会和纷争,另一方
面由于章太炎、张继、刘师培等人和幸德秋水
等日本社会主义、无政府主义者密切往还,
《民报》从第 14 号起,在继续坚持反对清政府
统治的革命宣传的同时,更广泛地展开了具

图 3-8　在日本时的章太炎

有浓厚无政府主义色彩的社会主义宣传,对西方资本主义制度及正在中国扩
大影响的资本主义经济、政治、意识形态,都采取了比先前远为严厉的批判态
度,对亚洲各国人民的民族解放斗争则热情加以支持。从《民报》第 18 号至第
20 号,由于章太炎脑病加剧,该刊转由张继、陶成章主编。从《民报》第 21 号
起,重由章太炎主持,这时,章太炎意识到无政府主义空谈的危害,对无政府主
义的战略、策略展开了批判,同时,更注重支持国内民众运动的发展,以及对清

---

① 章太炎:《民国光复》(1933 年秋在苏州国学会演讲),章念驰编订:《章太炎演讲集》,上
海人民出版社,2011 年,第 389 页。

廷和立宪党人紧锣密鼓的立宪活动实质的揭露,使《民报》更为生气蓬勃。

1906 年 11 月出版的《复报》第 4 号刊登的《民报广告》说:"本报以发挥民族主义、国民主义、民生主义,而主张我国种族革命、政治革命、社会革命为目的。创于去冬,兹已发行至七号,适遇余杭章炳麟枚叔先生出狱至东京,遂任为本报总编辑人。报事益展,销行至万七千余份。"①报事益展,影响益大,而所遭到的来自清政府方面的压力也益大。清廷严令禁止《民报》在国内传布,并一再向日本交涉,要求查禁《民报》,使《民报》处境日益困难。

1907 年 9 月 14 日,清廷外务部照会日本当局,要求日本政府对在日出版的《民报》《洞庭波》《天义报》《复报》等刊物和一些书籍"一体禁止出版""严禁印刷递送"。日本驻华代理公使阿部守太郎向外务大臣林董建议,为示好于清廷,以牟取在中国东北的更多权益,对于革命党人所创办的刊物,"无论其记事于法令上有无差支,均需采取一种行政手段,设法加以禁止,至少亦须加以严格的限制"。日本当局因清廷在东北各项权益上尚未能满足日方要求,未立即查禁《民报》等刊物,但加强了对刊物的检查和中国革命党人的监视。

日俄战争后,日本在中国东北加紧进行扩张,并竭力阻止其他列强染指东北。为了阻止美国在东三省设立银行,投资东北林业、矿业和农业,日本政府决定答应清廷要求,查禁在日本出版发行的《民报》等报刊。

1908 年 7 月,日本组成新一届内阁,日本政府为了示好清政府,下令封闭《民报》。10 月 19 日,由日本警察总监龟井英三郎出面,下达平田东助签署的封禁《民报》命令,说"有人告发",《民报》第 24 号刊用《革命之心理》一文有鼓动暗杀嫌疑,违背了《新闻纸案例》第 33 条,即不得作"败坏风俗、危害秩序的宣传"一条,所以"停止其发卖颁布"。命令书发给《民报》发行人兼编辑人章太炎。命令书所开列的罪状,纯属借口。与此同时,日本政府以类似的借口,封禁了中国革命党人在东京出版发行的《天义》《衡报》《四川》《云南》等刊物。

面对日本政府封禁命令,章太炎奋起抗争,当即写了抗议书,指出:"报中

---

① 　汤志钧编:《章太炎年谱长编》(上),中华书局,1979 年,第 223 页。

所说,本无涉及日本之事,但说革命,全无'无政府'一派议论,此《民报》历来主义如此,有何嫌疑?仆等更有为贵国者,贵政府于《民报》种种嫌疑,不由自发,实唐绍仪要挟之力耳。"①一针见血,指出了问题的要害。章太炎对此再次致书平田东助,指出:"本编辑人兼发行人早闻背景传说,据云:唐绍仪此次途经日本,将以清美同盟之威胁日本,又以间岛领土之权、抚顺炭矿之权、新法铁路之权唻日本。"②对于这一肮脏的政治交易,章太炎坚定地表示:"本编辑人兼发行人宁为玉碎,不为瓦全。"

10月25日,章太炎和黄兴、宋教仁等讨论了上述事态,一致认为在《民报》查封令未取消前,可以暂时迁移到他国出版,而在迁移之前,先当筹款起诉日本当局这一丑恶行为。10月26日,章太炎第三次致书平田东助,揭露日本当局的举措是"舍永远禁止之名,而取永远禁止之实,迫胁《民报》使变其革命宗旨",严正表示:"本编辑人兼发行人虽一介草茅,素不受权术笼络。若贵大臣有意督过之,封禁、驱逐,惟命是听,幸勿令纵横之士腾其游说也。"③

当时,日本当局严令各报刊登载有关封禁《民报》等中国革命报刊的消息。为冲破日本政府的新闻封锁,章太炎以"中国革命党"名义发表《报告〈民报〉二十四号停止情形》传单投寄各方,并译成英文向海外散发。中国留学生闻讯,奋起支持章太炎同日本当局的斗争。

日本当局视章太炎为封禁《民报》的最大障碍。威逼不成,便想出一笔钱让章太炎离日赴印度,章太炎不屑收受日本政府支付的费用,意志坚决。1908年11月26日,章太炎和日本检事终于在东京地方法院裁判厅对簿公堂。日

① 日本外务省档案:《〈民报〉关系杂纂·乙秘第1042号文书关于〈民报〉杂志之件》,上海人民出版社编:《章太炎全集》(十)《太炎文录补编》(上),上海人民出版社,2018年,第354页。

② 章太炎:《为民报封禁事移让日本内务大臣平田东助书(二)》,汤志钧编:《章太炎政论选集》(上),中华书局,1977年,第485页。

③ 日本外务省档案:《〈民报〉关系杂纂·警秘杂第48号文书〈内务省警保局长有林英义致外务省政务局长仓知铁吉函〉》,转引自姜义华:《章炳麟评传》(上),南京大学出版社,2011年,第106页。

本检事以"清国革命一旦爆发,日本人起而仿效,那就必定导致严重后果"为由,要求判处发行主张推翻清朝、倡导革命的《民报》为犯罪。章太炎的辩护律师后藤德太郎立即指出:"检事谓清国革命将于日本有害,此乃系外交、政治上的问题,而法庭所论及的只应是法律问题,因此,检事的指控不能成立。"[1]章太炎也发起连珠炮似的责问,裁判长俱张口结舌,无言以对。

尽管日本政府于事实上、法律上都完全站不住脚,但东京地方裁判所还是于12月12日判决《民报》禁止发行,章太炎罚款115日元,折合中国当时银圆约120枚。章太炎不服判决,拒绝缴纳罚款。1909年3月3日,东京小石川警察署奉命将章太炎拘留。检事厅奉命将章太炎押至劳役场所做工,每天工钱1日元,应服役115天。章太炎的学生闻讯后筹措经费应急,将罚款送到警察署,章太炎当天获释。

事后,章太炎和黄兴、宋教仁等人在黄兴寓所合议,讨论对策。章太炎等人清楚看到,日本政府对中国革命党人的政策已经确定,纵使提出上诉,亦将绝无胜诉的希望,而《民报》即使获准复刊,也将不可能公开宣传其主义与方针,决定放弃上诉,筹划将《民报》移往美国出版。当时,黄兴、章太炎、宋教仁的赴美护照都已设法取得,后因有其他计划,最终没有出版。之后,东京同盟会处于涣散状态,章太炎没有了经费来源,转而以讲国学为主,艰难度日。

《民报》是革命派阵营最有影响、功绩最大的一个报纸,作为该社任期最长的一位社长,章太炎所进行的这一反帝制的奋力抗争,着实令人佩服。

五　第二次"倒孙"风潮

第一次"倒孙"风潮后,孙中山和章太炎的关系开始恶化,两人之间有着比较复杂的情感和心态。此后,孙中山极少过问《民报》事务,又因章太炎在《民

---

[1]　日本外务省档案:《〈民报〉关系杂纂·乙秘第1375号文书〈民报〉公判之状况》,转引自姜义华:《章炳麟评传》(上),南京大学出版社,2011年,第107页。

报》上不断发表论述国学、宗教、佛教的文章，遭到读者批评，导致销路锐减、经费支绌，孙中山对此更是不满。而章太炎面临《民报》社内经费、人员出走的困难，电催孙中山进行接济，孙中山先后汇去三百元。1908 年《民报》被封禁时，章太炎力主迁往美国或其他地方继续出版，这就需要一大笔经费，于是急函孙中山，要求资助，而孙中山此时正忙于加强南洋各地同盟会的组织领导和筹办军饷，往返于新加坡、泰国之间，策划起义，无暇顾及。章太炎以为孙中山故意置之不理，气愤地责备孙中山"忝为盟长，未有半铢之助"，竟负气辞职，不再管《民报》之事。

图 3 - 9 1908 年的孙中山

　　双方的分歧还表现在武装起义地点选择策略上，孙中山一直在两广、云南边境发动起义，因为这一带有会党力量可以利用，从国外运送和接济军火比内陆地区更有优势，而起义万一失败，撤退也会更为方便。在中国同盟会成立后的 1907 年至 1908 年间，孙中山在中国南方先后领导发动了黄冈起义、惠州七女湖起义、防城起义、镇南关起义、钦廉上思起义和河口起义，均以失败告终，而同盟会在此期间好不容易筹集的经费被起义消耗殆尽。这样，章太炎、陶成章、宋教仁对在边境地区发动起义的策略产生了怀疑，他们更主张在长江流域或华北地区发动起义，认为这里有发动起义的革命基础，起义爆发后给予清政府的打击以及由此产生的政治影响也将比在南方边境起义更大。孙中山当时选择南方，主要考虑到南方近海，便于得到海外武器和资金的支持；再则，南方会党活跃，是一支可以利用的力量。

　　接下来的风波就更加深了孙中山和章太炎之间的不和。围绕着筹款及《民报》复刊问题，孙中山与章太炎、陶成章原先思想上、政治上、策略上的分歧激化成为一场新的内讧。一直帮助章太炎主持《民报》的陶成章为解决《民报》

困难赴南洋筹款时,要求孙中山拨三千元作《民报》经费。孙中山无款可拨,将自用手表等物变卖,给陶以支持。陶成章又要求筹五万元回浙江起事,孙中山"以近日南洋经济恐慌,自顾不暇,断难办到"①,但允写信赴各处筹措,引得陶成章很是不满,于是计划独自经营。

1909 年 5 月,陶成章散布谣言称,孙中山将各地捐款攫为己有,用于起义经费者仅一千余元。8 月,陶成章策动在马来亚槟城的李燮和、陈威涛等人,用"川、广、湘、鄂、江、浙、闽七省同志名义",提出一份《宣布孙文南洋一部之罪状致同盟总会书》罗列"罪状"三种十二项,以及善后办法九条。诬称孙中山"谎骗营私""残贼同志""蒙蔽同志""败坏全体名誉",在香港、上海汇丰银行存款二十万,帮助其兄孙眉在香港九龙造屋。要求同盟会总部罢免孙中山"总理"职务,甚至要求"开除孙文总理之名,发表罪状,遍告海内外",以及废除南洋支部章程,另订新章,使南洋各分会直属东京总部,重设《民报》机关,附设旬报等。陶并赴东京,要求本部开会讨论。② 9 月,陶成章又赴槟城,黄兴拒绝其要求,并与谭人凤、刘揆一联名致公函给李燮和等人,逐条为孙中山辩诬。12 月间,陶成章赴槟城、坝罗筹款,成效甚微。因怀疑孙中山从中作梗,且因孙中山未再给陶介绍信,陶即开始攻击孙中山,并赴爪哇泗水,成立光复会,参加者有许雪秋、李燮和、曾连庆等人,公然与同盟会南洋支部对立。

当时,孙中山又派汪精卫来东京背着章太炎准备秘密复刊《民报》第 25、26 号,于 1909 年 10 月托名以巴黎《新世纪》为总发行所印刷发行,完全被封锁了所有消息的章太炎得知后,非常气愤,更觉得受了莫大侮辱,双方终于决裂。在陶成章的鼓动下,章太炎撰写了致美洲、南洋等处公函《伪〈民报〉检举状》,印成传单,寄往南洋、美洲同盟会分部及华侨聚居之地,并在东京《日华新报》刊载。章太炎在《伪〈民报〉检举状》一文里谴责孙中山"怀挟巨资,而用之公务者计不及一",并称"昔之《民报》为革命党所集成,今之《民报》为孙文、汪

---

① 孙中山:《致王子匡函》(1909 年 10 月 22 日),广东省社会科学院历史研究室等编:《孙中山全集》(第 1 卷),中华书局,1981 年,第 418 页。

② 陈锡祺主编:《孙中山年谱长编》(上),中华书局,1991 年,第 469 页。

精卫所私有,岂欲伸明大义,振起顽聋,实以掩从前之伪诈,便数子之私图"①。章太炎贸然发布传单,将内部争吵公之于世,被保皇党的喉舌《南洋总汇报》于11月6日刊出,标题换作《章炳麟宣布孙汶罪状书》,乘机对孙中山和革命党人大肆攻击与辱骂。与此同时,张继在法国致函孙中山,要求其"退隐深山",或"布告天下,辞退同盟会总理"。此为章、陶等人发动的第二次"倒孙"风潮。

章太炎、陶成章此举,对于革命事业破坏甚巨。为了革命大局,孙中山、黄兴等人不得不予以反击,公开谴责章太炎、陶成章。1909年11月7日,黄兴以中国同盟会庶务部的名义,发布《致美洲各埠中文日报同志书》,说明章太炎、陶成章等发往美洲、南洋等地"公函"绝不代表同盟会总部之意见,强调其"用心险毒,殊为可愤",又说"近日奸细充斥,极力欲摇撼本党,造谣离间之事陆续不绝,同人可置之不理"。②

对于革命内部的分裂,孙中山十分痛心,他说:"吾党已成内乱之势,人心如此,真革命前途之大不幸也。"③因有"太炎向负盛名,且有上海下狱一事为世所重,彼所立言若不有匡正其失,则惑人之众"的担心,孙中山多次致函吴稚晖,叙述《民

图3-10　1909年8月,孙中山在伦敦与吴稚晖父子合影

报》前后情况并列出收入开支情况,请吴出面撰写文章,在《新世纪》刊登,驳斥陶、章的言行。函称:"章太炎又发狂攻击,其所言之事较陶更为卑劣,真不足

---

①　陈锡祺主编:《孙中山年谱长编》(上),中华书局,1991年,第470页。

②　湖南省社会科学院编:《黄兴集》,中华书局,2011年,第11页。

③　孙中山:《致王子匡函》(1909年10月22日),广东省社会科学院历史研究室等编:《孙中山全集》(第1卷),中华书局,1981年,第418页。

辩。陶之志犹在巨款不得乃行反噬,而章之欲则不过在数千不得乃以罪人。陶乃以同盟会为中国,而章则以民报社为中国,以《民报》之编辑为彼一人万世一系之帝统,故供应不周,则为莫大之罪;《民报》复刊,不以彼为编辑,则为'伪《民报》'。"①又称:"章氏托疯癫以行其诈,近日之所为真属忍无可忍云。"②孙中山对章太炎的批评不是没有道理的,《民报》不是章太炎的私人报纸,章宣布退出《民报》,黄兴指派汪精卫恢复《民报》,的确无可指摘。

当时,党内同志大多不满陶、章所为,如原光复会领导人蔡元培在写给吴稚晖的函中称:"吾党凋枯,令人痛哭。陶君之内讧,尤为无理取闹。此公本有此等脾气,前与徐(锡麟)、陈(伯平)诸君结为特别死党(凡五人);在东京时,亦以党款故,与徐君龃龉,驰函各处攻徐君,谓其有异志。然徐君卒不出一诋陶语,识者曾以是见判徐、陶之优劣,及徐君殉义,则是非更昭然矣。吾族终不免有专制性质,以政府万能之信仰,移而用之于党魁,始而责望,终而怨怼,真令人气短!"③

1909 年 11 月 12 日前后,孙中山对张继所提解决风潮办法也给予驳斥,函称:"至兄所示之二策:一、退隐深山。此时为革命最衰微之时,非成功兴盛之候,是为弟冒艰危、茹困苦以进取之时代,非退隐之时代也。二、布告天下,辞退同盟会总理。弟被举为总理,未有布告天下始受之,辞退亦断未有布告天下之理。弟之退总理已在要求同盟会及章太炎认不是之时,同盟会及太炎至今未有认过,则弟已不承为彼等之总理者久矣。"④

1909 年 11 月 30 日,革命党主办的香港《中国日报》与新加坡《中兴日报》

---

① 孙中山:《复吴稚晖函》(1910 年 12 月 4 日),广东省社会科学院历史研究室等编:《孙中山全集》(第 1 卷),中华书局,1981 年,第 429 页。

② 孙中山:《复吴稚晖函》(1910 年 1 月 3 日),广东省社会科学院历史研究室等编:《孙中山全集》(第 1 卷),中华书局,1981 年,第 433 页。

③ 《复吴稚晖函》(1909 年 11 月),高平叔编:《蔡元培全集》(第 1 卷),中华书局,1984 年,第 579 页。

④ 孙中山:《复张继函》(1909 年 11 月 12 日前后),广东省社会科学院历史研究室等编:《孙中山全集》(第 1 卷),中华书局,1981 年,第 426 页。

发表公开声明文章,痛斥章太炎为"中国革命党之罪人,《民报》之罪人"的长文,对章太炎提出五项指控,反映了孙中山和章太炎在一系列重大问题上的原则分歧。五项指控的内容是:

一、"章与梁启超同办《时务报》以来,与保皇党之关系未尝断绝。"《民报》与《新民丛报》笔战之时,"章以与梁启超交厚故,未有一文之助力"。

二、"章太炎以其一知半解、干燥无味之佛学论,占据《民报》全册之大部,一若以《民报》为其私有佛学之机关报者。"

三、"章太炎创为无神论,以排斥耶稣之道,以致内外同志多疑《民报》为排斥耶稣之机关报,摇惑人心,莫此为甚。"

四、"章太炎以个人私怨,竟借《民报》为攻城之具,日向《新世纪》宣战,……伤害同志之感情,徒贻外人之笑柄。"

五、"《民报》出版以来,日政府绝不干涉,乃章太炎倡言恢复台湾、朝鲜之义,又鼓吹暗杀,以挑动日人之恶感情,遂故有停止发行之命令。使章当日立论如第 12 号以前,则《民报》至今犹存也。"①

随后,《中兴日报》还转载《中国日报》《公益报》及《日华新报》的论述,指斥章太炎叛党、倒孙行为。12 月 6 日,《中兴日报》刊载《痛攻章炳麟及其他散播匿名函帖者》,7 日又刊载《呜呼!小丑》,指责章太炎视《民报》为私产,认为陶成章、陶威涛攻击孙中山为"明显地邪恶的毁谤",并警告章太炎等人,"中国革命系由孙先生开始发动的,孙之智慧、学识、能力、领导才能,与对革命精神,是无可怀疑的。他应该而且一定可以获得所有中国人的坚定支持"。8 日,又刊载南洋华商阅书报社同志的声明,强烈反驳陶、章文函中对孙中山的各种指

---

① 《为章炳麟叛党事答复投书诸君》,《中兴日报》1909 年 1 月 30 日转载,转引自姜义华:《章炳麟评传》(上),南京大学出版社,2011 年,第 109 页。

控,斥责陶成章在公开函中盗用"七省同盟会员"名义,肆意诋毁孙中山,警告陶成章,"运用奸诈的计谋以自南洋华人处捞索金钱,已极不可能,因为绝大多数的华侨已非如过去之天真,他们可以判断出谁是真正的革命党,谁是冒牌假造的革命党"①。

在此次风潮中,南洋同志支持孙中山不乏其人,他们烧毁陶成章、章太炎印发的材料,并派人到香港调查,发现孙中山兄长孙眉在九龙盖草房种地养禽畜,并无修洋楼之事。越南方面,党内同志通过《河内公函》,说明滇桂两省起义经过,逐条驳斥陶成章的诽谤。

随着事态的发展,鉴于"海外革命志士,多以太炎为吾党之泰山北斗"②,1910 年 1 月 22 日,《新世纪》第 117 号在《党人篇》附录刊出《章炳麟与刘光汉及何震书五封》,痛斥章太炎为清廷"侦探奸细",得清廷重金而"出卖革命",实系"满洲鹰犬"。事实原委是 1907 年冬,已经秘密投靠两江总督端方的刘师培、何震等人对章太炎诳称,只要章虚应愿往印度修习佛学,便可从端方处谋得一笔巨款,充实革命经费,并用以解决《民报》在资金上的困难。章太炎因刘师培说端方对章甚是敬重,愿资助十万金或五万金成全章出家为僧之志,便托刘师培、何震与端方具体交涉。当他得知须至普陀或福建鼓山等处出家或远至印度,端方才肯拿出钱来,且只能按月支付时,便明白从端方处谋得巨款用于策划武装起义及维持《民报》实不可能,于是一口回绝,交涉因此中断。刘师培见用诱使章太炎出家为僧的办法让章太炎脱离革命的阴谋失败,便将章太炎和他们商讨如何谋款的几封信印成照片寄给黄兴,诬称章早已无心革命,企图以此在黄兴、章太炎之间制造猜疑与不和。1909 年夏,刘师培已跑到南京当了端方的幕僚,他的面目已完全暴露,他败坏章太炎名誉、离间黄章关系的图谋也已彰明无疑。可是,这时因为要反击章太炎,孙中山、黄兴便拿出刘师培提供的材料,痛斥章太炎背叛革命党人、担任端方解散革命党及常驻东京之

---

① 陈锡祺主编:《孙中山年谱长编》(上),中华书局,1991 年,第 481—482 页。

② 孙中山:《致吴稚晖函》(1909 年 12 月 16 日),广东省社会科学院历史研究室等编:《孙中山全集》(第 1 卷),中华书局,1981 年,第 431 页。

侦查员等罪行。

1910 年 2 月 1 日,由汪精卫编辑的《民报》第 26 期在东京出版,此为该刊最后一期。内刊《本报谨白》,驳斥章太炎称第 25 号为"伪民报"污蔑之词,指出其攻击原因,"一由章氏好信谗言,一为其夙与《新世纪》不合,故为此鲁莽灭裂之行动"①。

在这一场因《民报》而引发的内讧中,除了伤害彼此的感情外,孙中山、章太炎双方均没有赢家,同盟会内部事态更加混乱。他们从思想上、政治上、策略上的分歧,发展到公开冲突,进而竞相伤害对方,最终导致组织上的分裂。孙中山将美洲和南洋同盟会分会改组为中华革命党,修订了宗旨。宋教仁、谭人凤等人在上海组成中部同盟会,黄兴等人在东京仍保持着中国同盟会名称,而章太炎、陶成章决定重建光复会。

1910 年 2 月,在陶成章的建议下,光复会宣告重新成立。说到光复会成立的原因,陶成章十分平淡地向章太炎说道:"逸仙难与图事,吾辈主张光复,本在江上,事亦在同盟会先,曷分设光复会?"②章太炎对此表示支持。光复会总部设于日本东京,章太炎任会长,陶成章任副会长。章太炎虽为会长,只是一个虚名,实权掌握在陶成章、李燮和等人手里,因此在政治上并无建树,仍旧继续坚持原先光复会提出的"光复汉室,还我河山,以身许国,功成身退"的纲领和誓词,牢牢坚守种族革命的主张。光复会还创办了《教育今语》杂志作为通讯机关。在南洋建立光复会"行总部",由李燮和、沈钧业、魏兰具体负责。行总部以下设立分会,发展会员,并在浙江、上海等地组织光复军。南洋与江、浙、粤一带,成为光复会活动的主要区域。

革命元老吴玉章觉得革命派内部的分裂,孙中山没有过错,而章太炎也可以原谅,于是设法弥补,他把留日的四川学生中捐助募集到的钱交予章太炎去维持《民报》。章太炎感动地说:"同盟会中只有四川人才是好的,才靠得住。"

---

① 陈锡祺主编:《孙中山年谱长编》(上),中华书局,1991 年,第 487 页。
② 陈锡祺主编:《孙中山年谱长编》(上),中华书局,1991 年,第 491 页。

章太炎的一番话虽然是对四川同盟会的夸奖,但吴玉章认为"章太炎的门户之见太深了,所以到处流露出来,直至后来走向分裂革命的道路"。[①]

　　对于 1908 年至 1912 年孙中山和章太炎的争执,学者大都指责章太炎造成革命的分裂,削弱了革命的力量。但分裂是由于外在的压力和内部的不和,指责章太炎的容忍力不足则可,然派系的对立实非单方面所能造成。孙中山和章太炎的冲突,夹杂了个人的意气,在敌人的挑拨、内奸的煽动下,又把个人意气变为个人攻击,甚至是人身攻击,铸成亲者痛仇者快的错误,但是他们在推翻清朝、建立民国的大宗旨上始终完全一致,这是我们需要肯定的。

---

　　① 　吴玉章:《辛亥革命》,人民出版社,1961 年,第 92—93 页。

第 四 章
民国肇始　若即若离

一　开国问题之争

1911 年 10 月 10 日,武昌起义爆发。当时形势发展得相当快,在短短的一个月里,除了上海之外,有十三个省相继宣布独立。但革命派内部的分歧很大,特别是在筹建中央政府的问题上,争论十分激烈。正如吴玉章所说:"武昌起义后,各省虽然纷纷响应,但好久也建立不起一个统一的领导机关来。当

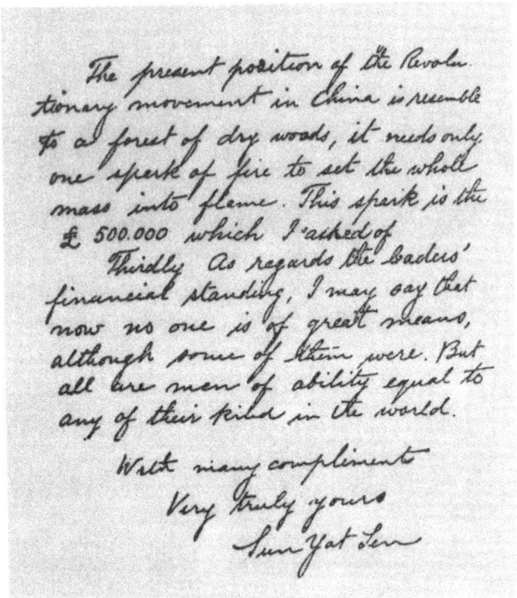

The present position of the Revolutionary movement in China is resemble to a forest of dry woods, it needs only one spark of fire to set the whole mass into flame. This spark is the £ 500.000 which I asked of

Thirdly As regards the leaders' financial standing, I may say that now no one is of great means, although some of them were. But all are men of ability equal to any of their kind in the world.

With many compliment

Very truly yours

Sun Yat Sen

图 4－1　孙中山在国外得悉武昌起义胜利的消息后,于 1911 年 11 月 10 日抵英国伦敦开展外交活动。这是孙中山在伦敦草拟的《告世界书》

时，武汉和上海之间为了建立中央政权也发生过很大的争执。"①可见，当务之急就是稳定大局，尽快建立中央政府，巩固革命的成果。

对于这一点，当时孙中山等人心中是十分清楚的。还在武昌起义爆发后不久，还滞留在海外的孙中山立即电告国内同志："今闻已有上海议会之组织，欣慰。总统自当推定黎君。闻黎有请推袁之说，合宜亦善。总之，随宜推定，但求早巩国基。满清时代权势利禄之争，吾人必久厌薄。"②上海"光复"后，曾有人提请黄兴到沪"负起领导全国革命的责任"，黄兴立即表示："全国军政统一机构愈早组织愈好，但不必要我担任领导人。我现还担任武汉方面作战的任务，不能离开武汉。"③就迅速成立中央政府而言，章太炎的见解同孙中山的观点是一致的。

武昌起义爆发时，章太炎尚在东京。他从报上获悉孙中山即将回国，从革命发展全局考虑，先前为革命运作上的一些分歧而掀起的阵阵争吵突然变得毫无意义。章太炎便主动捐弃前嫌，回国前夕致电沪军都督陈其美，指出："探悉大革命家孙君逸仙已于前日乘船回国，不日即可抵埠。请贵处派员妥为招待，以便与之协商北伐攻宁之策，俾得早定大局，以苏民困。"④函电中称孙中山为大革命家，希望同志早日北伐，尽快地定大局。11月3日，上海"光复"。消息传到东京，章太炎立即带领十多名青年学子赶赴神户，乘11日轮船返国，15日回到上海。回国不久，章太炎在《民立报》上重申此见，宣称："方今惟望早建政府，速推首领，则内部减一日之棼乱，外人少一日之觊觎。"⑤

为配合国内革命形势的发展，章太炎主持起草了《中国革命宣言书》，印成

---

① 吴玉章：《武昌起义前后到第二次革命》，中国人民政治协商会议全国委员会文史资料研究委员会编：《辛亥革命回忆录》（第1集），文史资料出版社，1961年，第116页。

② 孙中山：《致民国军政府电》（1911年11月16日），广东省社会科学院历史研究室等编：《孙中山全集》（第1卷），中华书局，1981年，第547页。

③ 李书城：《辛亥前后黄克强先生的革命活动》，中国人民政治协商会议全国委员会文史资料研究委员会编：《辛亥革命回忆录》（第1集），文史资料出版社，1961年，第190页。

④ 《电告孙中山回国》，《申报》1911年11月18日第18版。

⑤ 章太炎：《宣言》（七），《民国报》1911年12月1日。

传单一千份,以中国革命本部名义,劝诫清廷陆海军将士不要与义师相抗,呼吁东西各国在革命党与清廷之间严守中立。在从神户返沪途中,黑龙会重要成员、曾直接参与同盟会总部事务的清藤幸七郎与章太炎同船,章太炎向他说明了关于建立中华民国的基本构想,清藤立即写信向黑龙会首领内田良平报告了这次谈话的要点①。章太炎主张以共和政体以取代清廷试行不通之君主立宪。而世界上共和政体又有多种形式,他说:"适于中国者,其惟联邦政治乎!"但是,革命党内部于联邦政治,持见存在分歧,因此他又担心"中国又将陷入乱局"。②

关于"早定大局",章太炎不仅有言论,也有行动,后者还构成其回国后的主要活动内容。他针对武昌起义后各派反清力量中出现的矛盾和分歧,积极进行调解,以促进各省的统一,稳定起义大局。他在 11 月 21 日的《民立报》上刊登启事,明确宣布:"仆此来担任调人之职,为联合之谋。"③为了巩固上海独立的大好形势,调解李燮和与陈其美因争当上海都督而加剧的矛盾,他专赴吴淞劝李燮和"去督号,称总司令"。④

章太炎积极主张攻宁和援鄂,在江浙联军进攻南京之际,曾亲赴南京尧化门"观军"⑤,江浙联军终于在 12 月 3 日占领了清廷统治长江中下游的政治中心南京,使东南大局从此平稳。南京攻克后,他又和黄兴、宋教仁等人连续去电前线,称"南京光复,为大局贺"⑥,其喜悦心情溢于言表。对于援鄂,章太炎的态度也很明确。就在南京即将攻破之际,武昌形势吃紧,汉阳于 11 月 27 日失守。黄兴主张放弃武昌,全力经营江浙。章太炎则主张援鄂以固根本,并提

① 谢樱宁:《章太炎年谱撮遗》,中国社会科学出版社,1987 年,第 64—65 页。
② 章太炎:《自日本归国途中之政见》(1911 年 11 月),上海人民出版社编:《章太炎全集·太炎文录补编》(上),上海人民出版社,2017 年,第 387 页。
③ 汤志钧编:《章太炎年谱长编》(上),中华书局,1979 年,第 362 页。
④ 《民立报》1911 年 11 月 21 日。
⑤ 章太炎:《自定年谱》(1928 年),上海人民出版社编:《章太炎全集》(十一)《太炎文录补编》(下),上海人民出版社,2018 年,第 764 页。
⑥ 汤志钧编:《章太炎年谱长编》(上),中华书局,1979 年,第 365 页。

出"江宁即下,当为援鄂计"。他还在南京尧化门与程德全商谈援鄂等问题,对"派兵援鄂、进师北伐"等大计均表赞同,并提出"鄂事紧要,亟待应接"①。至于章太炎在武昌起义后为何如此重视援鄂,就是因为他把"援鄂"同巩固起义大局联系在一起。他最担心的是,"天时向寒,南军无裘褐;且兵寡不能与北军相当,终有援鄂以固根本"②。为此,章太炎要求陶成章率领浙江军队上援武昌,要求镇江都督林述庆进兵临淮,继图开封,以策应武昌。

为了协调好同盟会、光复会、共进会等革命团体以及革命党人与倒向革命的原立宪派的关系,维护起义队伍内部的团结,章太炎于 12 月 2 日致电在汉口召开的各省代表会议议长谭人凤说:"革命军起,革命党消,天下为公,乃克有济。今读来电,以革命党人召集革命党人,是欲以一党组织政府,若守此见,人心解体矣。诸君能战即战,不能战,弗以党见破坏大局。"③章太炎电文的含义,是希望将已"光复"的各省军政府,不分原先属于什么派别,都尽可能广泛地联合起来,共同组建临时中央政权。这样说的前提是同盟会在革命后的军事斗争中处境不利,没有集结起实现革命目标的必要力量。而当时,已有大量非同盟会的政治人物和势力加入了革命阵营,这样的大局有利于达到"反满"民族主义的基本目的。章太炎告诫同盟会,如果能够战斗,那就凭借军事力量去贯彻其政治主张。如果不能战斗,就不要以一党的主张,组织一党的政府,破坏现在与各派系联合反清的大局。

章太炎的主张,在参加革命的政派中得到了广泛的支持,最重要的人物就是转向革命的前清立宪派领袖张謇和中部同盟会领导人宋教仁。但是,孙中山并不赞同这一主张。1911 年 12 月 25 日,孙中山到达上海,尽管对国内形势还没有亲身体验,且困难重重,但他对革命取得胜利仍充满着希望。12 月 30 日,孙中山在上海召集同盟会本部临时会议,讨论革命方略,在沪各省分会

---

① 汤志钧编:《章太炎年谱长编》(上),中华书局,1979 年,第 365 页。

② 章太炎:《自定年谱》(1928 年),上海人民出版社编:《章太炎全集》(十一)《太炎文录补编》(下),上海人民出版社,2018 年,第 765 页。

③ 《章炳麟之消弭党见》,天津《大公报》1911 年 12 月 12 日。

图 4-2 1911 年 11 月 21 日,孙中山抵香港时在船上与欢迎者合影

部分负责人出席了会议。会议在孙中山主持下修改了同盟会暂行章程,尤其是起草和发布了《中国同盟会意见书》,针对革命党内的意见分歧,提出了严厉的批评。意见书提出了两个前提。第一,"吾党之责任盖不卒于民族主义,而实卒于民权、民生主义"。重申同盟会的战略任务是实现中国现代化的全面转型,推翻清王朝只是实现了第一阶段的目标,不等于能够立即实现民权主义和民生主义。第二,"吾党当亟为一致之行,操必死之决心,秣马厉兵于铁血中,而养其潜势力以为之后盾。巩固基础之道,舍是宁有愈哉?……必先自结合,以成坚固不破之群,势已厚集,则来附者自多;密阴之树,众鸟归之,大风之会,群音奏之,必然之势也"。也就是强调同盟会必须团结,建立坚强的武装力量,来争取胜利。对于社会上的其他势力,则只有在同盟会拥有强大的力量的基础上,争取他们归附革命。

会议未邀请章太炎参加,意见书批评章太炎的政治主张说:"吾党偏怯者流,乃唱为'革命军起,革命党消'之言,公然登诸报纸,至可怪也。此不特不明乎利害之势,于本会所持之主义而亦訾之。是儒生阘茸之言,无一粲之值。"①
意见书表明:"言夫其事之起,则此晚近之世,吾党之起于各省者屡矣,又何待
于今日?言夫其成功,则元凶未灭,如虎负嵎,成败未可预睹;曰成矣,而吾党
之责任,岂遂终此乎?中心未遂,盟誓已寒,义士所不忍为,吾党固非仅操民族
主义者也……吾党所标三大主义,由民族而民权、民生者,进行之时有先后,而
欲造成圆满纯固之国家,以副其始志者,则必完全贯彻此三大主义而无遗。即
吾党之责任,不卒之于民族主义,而卒之于民权、民生主义者,则固无庸疑也。"②

　　从理论上说,同盟会为实现革命目标,对章太炎提出的批评是没有问题
的。所谓政党政治的实现,也就是民权主义的落实,在孙中山的理论设计中,
是由革命党以军事力量取得政权,执政之后才能逐步予以推进实施的。所以,
同盟会意见书批评说"吾党固非仅操民族主义者也",章太炎把革命目标看得
太简单,同盟会的任务不仅是推翻满洲贵族掌权的清政府,而且要把国家建设
成一个现代民主的国家,这不是一个轻而易举的任务。

　　在随后组织南京临时政府时,孙中山就断然否定了宋教仁的方案,指出责
任内阁制"断此非常时代所宜"③。要有领袖的权威,来推进革命。南京临时
政府采取总统集权制,虽然任命了一批前清立宪派领袖、前清官吏出任内阁总
长,但实权操在同盟会次长手里。后来,孙中山总结革命失败的教训时进而指
出:"宪政尚未发生,方欲由革命之战争以求之,岂可于开战之初,即施行宪政
耶?此诚幼稚无伦之思想也。"④谭人凤后来也批评说:"吾党革命方略,本定
为军政时期五年,宋钝初以主持军政者非其人,主张由省选派代表,急谋临时
政府之组织,亦未尝非伟画荩筹。然不以之为选举机关随时解散,而乃留作参

---

　　①　《中国同盟会意见书》(1911年12月30日),广东省社会科学院历史研究室等编:《孙
中山全集》(第1卷),中华书局,1981年,第578页。

　　②　《中国同盟会意见书》(1911年12月30日),广东省社会科学院历史研究室等编:《孙
中山全集》(第1卷),中华书局,1981年,第578—579页。

　　③　汤志钧编:《章太炎政论选集》(下),中华书局,1977年,第687页。

　　④　《胡汉民自传》,《近代史资料》1981年第2期,第61、63页。

议院,予以干涉军事计划之大权,则所谓筑室道谋也,安有成功之冀望?"①

但在历史的实践过程中,却出现了一个奇怪的局面。章太炎的主张,固然有政治价值观、党派分歧的因素在里面,但很重要的一个方面,是为了避免革命的失败,而调整同盟会与各派政治力量的关系。只有与其他派系合作,分享政权,才能达到推翻清王朝的目标。章太炎的主张,为后来同盟会改组为政党以及临时约法的政治体制开辟了方向。

二 同盟会与光复会的恩怨

辛亥革命胜利后,革命派内部的矛盾与日俱增。孙中山就任临时大总统后,原拟任命章太炎为南京临时中央政府教育总长,因同盟会中许多人反对而作罢。为此,他特别申明:"太炎君等,则不过偶于友谊小嫌,决不能与反对民国者作比例。尊隆之道,在所必讲,弟无世俗睚眦之见也。"②

为推进中央政府早日成立,章太炎于是以在野身份加紧组织中华民国联合会。1912年1月4日,在上海江苏教育总会举行了成立大会,他本人当选为会长,程德全当选为副会长,唐文治、张謇、蔡元培、熊希龄、黄侃等当选为参议员。3月2日,章太炎在该会召开的"政党会议"上就明确表示:"本党前此名联合会者,因各省独立,恐形势涣散,不能统一,故设立此会。"③

然而,这时发生了一系列排斥光复会、杀

图 4-3　光复会副会长陶成章

---

①　《石叟牌词》,石芳勤编:《谭人凤集》,湖南人民出版社,1985年,第396页。

②　孙中山:《复蔡元培函》(1912年1月12日),中国社会科学院近代史研究所中华民国史研究室等编:《孙中山全集》(第2卷),中华书局,1982年,第19页。

③　汤志钧编:《章太炎年谱长编》(上),中华书局,1979年,第393页。

害光复会领导人的事件。1912 年 1 月 1 日,孙中山在南京就任临时大总统职。1 月 3 日,孙中山提出临时政府各部总长人选,浙江都督汤寿潜调任交通总长。所遗浙江都督一职,汤寿潜提议由章太炎或陶成章、陈其美代理。章太炎闻讯,即专电汤寿潜及浙江军政人士,表示自己"天性耿介,唯愿处于民党地位"①,而大力推荐陶成章。不料,1 月 14 日,陶成章在上海法租界广慈医院被陈其美遣蒋介石着人刺杀身死。

继第二次"倒孙"风潮后,孙中山与陶成章关系决裂。当孙中山得知武昌起义胜利的消息后,决定先为革命党人解决即将面临的外交和财政问题。他致函美国国务卿诺克斯,要求会晤被拒。11 月先后到达伦敦和巴黎。在巴黎时,他会见法国东方汇理银行总理西蒙,谋求贷款。西方银行家们当时还无法判断中国革命党和清政府之间会"鹿死谁手",决定在经济上"严格中立"。12 月 16 日,孙中山对南洋华侨邓泽如表示,中国当时需要五万万元,才能建设裕如。12 月 25 日,他要求日本友人帮助筹款。当时,革命党人财政极度困难,因此当孙中山抵达上海时,立即被包围,记者们最关心的是,孙中山历经美洲、欧洲、南洋、香港,到底带回了多少钱,孙中山的回答却是:"予不名一钱也,所带回者,革命之精神耳!"②之后,孙中山当选为中华民国临时大总统。

对于孙中山能当选大总统,陶成章和他的支持者们心情极为恶劣,不肯接受。据光复会成员魏兰《陶焕卿先生行述》称:"时孙文勾结《民立报》,谓孙文携有美金巨款及兵舰若干艘回华。孙党并有兵舰之照相,在南洋群岛发卖,骗取总统,在南京组织临时政府。先生因南洋筹款事,致书孙文,旋得其复书,略谓先生与彼反对,当筹如何对待。"作为光复会会长的章太炎也有此看法,曾在《自定年谱》中追忆:"逸仙返,甫抵岸,自言携兵舰四艘至,且挟多金","军民惑焉,遂选孙文为临时大总统"。③ 这些意见的核心就是孙中山并非靠功劳当选

① 《致汤寿潜电》,《民立报》1912 年 1 月 8 日。

② 陈锡祺主编:《孙中山年谱长编》(上),中华书局,1991 年,第 596 页。

③ 章太炎:《自定年谱》(1928 年),上海人民出版社编:《章太炎全集》(十一)《太炎文录补编》(下),上海人民出版社,2018 年,第 766 页。

大总统,其手法同攻击孙中山骗取同盟会总理一事如出一辙。然而,应当指出的是他们对孙中山的指责并非事实,孙中山对《民立报》记者仅言"从前种种困难虽幸破除,而来日大难尤甚于昔",并未有任何自夸金钱、兵舰之词。① 陶成章及章太炎的有关说法完全是根据讹传所做的错误攻击。

对于陶成章的攻击,从未参加同盟会与光复会之争的马君武在《民立报》上撰文批评:"今见反对孙君之人大肆旗鼓,煽惑军队,此事与革命前途关系至大。又孙君于数日内将归国,故不能已于言。"②可见,在辛亥革命成功、形势一片大好的情况下,陶成章等并未能因应形势、顾全大局,消释和孙中山、黄兴以及同盟会之间的矛盾,共同将革命推向前进,相反却继续坚持派别立场,制造新的矛盾。

陶成章被刺和孙中山有无关系? 答案是否定的。孙中山在陶成章被刺后给陈其美的电报中说:"陶君抱革命宗旨十有余年,奔走运动,不遗余力,光复之际,陶君实有巨功。猝遭惨祸,可为我民国前途痛悼。"要求陈其美捉拿凶手,明证其罪,"以慰陶君之灵,泄天下之愤"。③ 1943 年 7 月 26 日,蒋介石在日记中承认陶成章为其所杀,"由余一人自任其责",特别表示"余与总理始终未提及此事"④。这就说明,不管是刺陶前,还是刺陶后,蒋介石和孙中山之间都未曾谈及这一问题。

关于刺陶理由,蒋介石曾叙述说:"当革命之初,陶成章亦□回国,即与英士相争,不但反对英士为沪军都督而颠覆之,且欲将同盟会之组织根本破坏,而以浙江之光复〈会〉代之为革命之正统,欲将同盟会领袖□□(孙、黄)之历史抹煞无遗,并谋推戴章炳麟以代孙先□(生),□(鸣)呼革命未成,自起纷

---

① 陈锡祺主编:《孙中山年谱长编》(上),中华书局,1991 年,第 596 页。
② 马君武:《记孙文之运动及其人之价值》,《民立报》1911 年 12 月 20 日第 1 版,转引自杨天石:《蒋介石为何刺杀陶成章》,《近代史研究》1987 年第 4 期。
③ 《陶先生死不瞑目》,《民立报》1912 年 1 月 17 日"新闻三"。
④ 《蒋介石日记》(手稿),美国斯坦福大学胡佛档案馆藏,转引自杨天石:《"倒孙风潮"与蒋介石暗杀陶成章事件》,《近代史研究》2017 年第 2 期。

争。"①这段话反映了两点：一是陶成章反对陈其美出任沪军都督，导致同盟会和光复会的关系进一步恶化；二是陶成章抹杀同盟会领袖孙中山、黄兴的历史，企图以光复会代替同盟会。蒋介石在《中正自述事略》中说得更直白："如其计得行，则沪军无主，长江下游必扰乱不知所之；而当时军官又皆为满清所遗，反复无常，其象甚危，长江下游，人心未定，甚易为满清与袁贼所收复，如此则辛亥革命功败垂成，故再三思索，公私相权，不能不除陶而全革命之局。"②陶成章是否有掌握武装，用以反对陈其美、孙中山的计划，或是否已"派定"刺陈之人，没有证据，蒋介石也只说是"如其计得行"，但是，他的话却道出了陈其美等人对陶成章的警惕与恐慌心理。

对于陶成章在上海设立驻沪浙江光复军练兵筹饷办公处，支持李燮和另立军政分府，继续编练光复军的所作所为，章太炎持反对立场。他曾劝阻说："江南军事已定，招募为无名。丈夫当有远志，不宜与人争权于蜗角间。"武昌当时正处于袁世凯所率北洋军的进攻中，章太炎因此劝陶与浙江都督汤寿潜商量，"乞千余人上援"，这是"大义所在"，这样做既可避免和同盟会系统的竞争，又可以为挽救革命立功。他警告陶成章说："恋此不去，必危其身。"但是，陶成章不听章太炎的话，于是有了上海广慈医院的刺陶一幕。多年后，章太炎回忆往事，在《自定年谱》中写下"焕卿不从，果被刺死"

图 4-4 沪军都督陈其美

① 《中正自述事略》，转引自杨天石：《蒋介石为何刺杀陶成章》，《近代史研究》1987年第4期。

② 《中正自述事略》，转引自杨天石：《蒋介石为何刺杀陶成章》，《近代史研究》1987年第4期。

八字,其手稿本则称"或言英士为之也"。①

刺杀陶成章并非独立事件。1911 年 12 月 12 日,陈其美在上海都督府中杀害了镇江军政府参谋光复会员陶骏保,后又免除了镇江军政府都督林述庆职务。紧接着,广东军政府都督陈炯明下令将潮汕地区光复会武装全部包围缴械,将其首领许雪秋、陈云生、陈涌波就地枪决。后人对于同盟会与光复会的斗争结果看的是非常清楚的。钱基博《辛亥江南光复实录》中的表述极为中肯:"成章既以文墨议论望之炳麟,而自出收兵绍兴、嘉兴,得数千人,欲以继汤寿潜督浙,与李燮和、林述庆联络一气,左提右挈,而光复会之羽翮张,横绝东南。……成章被刺,而林述庆亦以暴疾死。炳麟徒托空言,光复会浸衰浸微,而同盟会独盛于世。"②

面对同盟会与光复会日益倾轧的危局,光复会会长章太炎痛心疾首,致函孙中山:"二党宗旨,初无大异,特民权、民生之说殊耳。……惟以名号为争端,则二会之公咎也。然自癸、甲以来,徐锡麟之杀恩铭,熊成基之袭安庆,皆光复会旧人也。近者,李燮和攻拔上海,继是复浙江,下金陵,光复会新旧部人,皆与有力。虽无赫赫之功,庶可告无罪于天下。……纵令一二首领,政见稍殊,胥附群伦,岂应自相残贼!……若以名号相争,而令挟私复怨者,得藉是以为名,无损于虏,徒令粤东糜烂,此亦执事所当禁饬者也。"③于是,孙中山给陈炯明和中国同盟会广东支部致电,强调:"同盟、光复二会,在昔同为革命党之团体……两会欣戴宗国,同仇建虏,非只良友,有如弟昆。纵前兹一二首领政见稍殊,初无关于全体。今兹民国新立,建虏未平,正宜协力同心,以达共同之目的,岂有猜贰而生阋墙?"④,要陈炯明随时解释调处,协力同心,以达共同之

---

① 章太炎:《自定年谱》(1928 年),上海人民出版社编:《章太炎全集》(十一)《太炎文录补编》(下),上海人民出版社,2018 年,第 766 页。

② 钱基博:《辛亥江南光复实录》,中国史学会主编:《中国近代史资料丛刊·辛亥革命》(第 7 册),上海人民出版社,1957 年,第 50 页。

③ 《大共和日报》1912 年 1 月 28 日,见《章太炎全集·书信集》上,上海人民出版社,2017 年,第 86—87 页。

④ 《南京临时政府公报》第 1 号,1912 年 1 月 28 日。

目的。孙中山对光复会的斗争也给予公允的评价:"光复会新旧部人皆与有力,其功表见于天下。"①但是,两会的矛盾并未消除。

孙中山对于同盟会和光复会的矛盾,能从大局出发看问题,决不记仇挟恨、党同伐异。然而,章太炎对他的心态是相当复杂的,一方面,两会的一系列恩怨,尤其是光复会多名领导人被杀,给章太炎以极大打击,加深了他对孙中山的成见;另一方面,在紧要关头,他还是希求孙中山的援助,认同孙中山在国内外的影响力和号召力。

三 几诘临时政府

中华民国成立后,章太炎保持民间团体人士身份,推动和监督中华民国的建设,这是章太炎此时的基本立场。然而,当南京临时政府成立之时,章太炎处于权力中枢之外。临时政府新创,许多事不得不从权处理,特别是在革命仍在继续、政权方才初创时期,不可能从一开始便处处合乎规范。章太炎所选定的批评与监督角色地位,同南京临时政府的实际政治运作便免不了要经常抵牾。

临时政府成立第一日,临时参事会举行全体会议,孙中山派黄兴到会,建议改用阳历,并以中华民国纪元,获得通过。章太炎就以"今日南北未一,观听互殊"②,"历法为人民所公用,非官吏所独用",以及参事会代表"非民选议员"因而无决议改历之权,提出反对。他表示:"仆非反对阳历,乃反对用阳历者之不合法制。"③

随后,章太炎以中华民国联合会的名义致书孙中山,要求召集民选参议院

---

① 《孙中山致陈炯明电》,《南京临时政府公报》第1号,1912年1月29日。
② 章太炎:《宣言十》(1912年1月5日),上海人民出版社编:《章太炎全集·太炎文录补编》(上),上海人民出版社,2017年,第398页。
③ 章太炎:《宣言十一》(1912年1月8日),上海人民出版社编:《章太炎全集·太炎文录补编》(上),上海人民出版社,2017年,第402页。

以取代"旧有各都督府代表所组织之参事院",强调前者有立法权,后者"止能参预行政事宜,不得干预立法权"①。孙中山函复指出:"目下光复各地,军政犹布,地方未靖,即欲召集省议会选举议员机关,手续俱无从着手。必待民选告成,乃议立法,又非临时政府建设之意。且北伐之举,有进无退,江淮频警,楚氛甚恶,临时政府所枕戈不遑者,方在破虏一事。民选议会当俟北虏破灭后议之。"②章太炎要求立法及早正规化,提出的方案却明显脱离实际,在当时根本无法操作和实施。

章太炎又提议临时政府派出大使到各省进行调查。关于调查的必要性,他指出:"不先检方域之殊、习惯之异,而预拟一法,以为型模,浮文犷令,于以传电有余,强而遵之,则龃龉不适,不幸不遵,则号令不行。"对此,他建议:"政府当遣十数大使于各行省,分科巡视,知其政俗,以告执政,以周知天下之故。"只有这样,赋税之则,刑律之条,究竟如何更新,方才有依据。要使国家政令真正统一,不是以电报统一,而是实际上统一,"不在悬拟一法,而在周知民俗,辅其自然",而这又必须从调查核实真实情况开始。③ 一切政令都应切合实际,这一原则是对的,但即便按照章太炎的建议,派出了十多名大使,结果恐怕除了徒增纷扰外,很难真正了解到全国各地千差万别的实际情况。

陶成章和其他一些光复会重要成员惨遭杀害后,为制止仇杀轧轹光复会之风,缓和同盟会与光复会的冲突,孙中山于1912年2月6日特别聘请章太炎为总统府枢密顾问。聘书中对章太炎作了高度评价,说:"执事目空五蕴,心殚九流,撷百家之精微,为并世之仪表,敢奉国民景仰之诚,屈为枢密顾问,庶几顽懦闻风,英彦景附,昭大业于无穷,垂型范于九有。伫盼高风,无任向往,

---

① 中华民国联合会:《呈请组织参议院书》,上海社科院历史研究所编:《辛亥革命在上海史料选辑》,上海人民出版社,1981年,第775页。

② 孙中山:《复中华民国联合会书》(1912年1月上旬),王耿雄等编:《孙中山集外集》,上海人民出版社,1990年,第339页。

③ 章炳麟:《先综核后统一论》,《大共和日报》1912年1月11日。

急惠轩车,以慰饥渴。"①2月7日,章太炎在
孙中山所派迎接专使但焘的陪同下抵达南
京,当天即与孙中山相晤。据当时报纸刊登
的消息,章太炎向孙中山"谈组织政党事",两
人"甚欢洽"。② 但章太炎并没有因此而进入
临时政府权力中心,他以上海和南京近在咫
尺为理由,第二天便离宁返沪,继续保持他站
在民间立场督察中华民国建设的特殊地位。

图 4 - 5　盛宣怀

　　临时政府成立之初,由于财政窘乏,孙中
山派人向逃亡日本的汉冶萍公司总经理盛宣
怀募款。盛宣怀企图取得日本借款向临时政
府输诚以保住产业,于是为借款奔走。南京
临时政府授权三井洋行与盛交涉。1月21日,临时政府、汉冶萍公司、三井物
产株式会社于南京签订《汉冶萍公司中日合办草约》。汉冶萍公司借款两百五
十万日元给临时政府,以大冶铁矿作为抵押。汉冶萍借款签约后,舆论哗然。
章太炎获悉,感到此事事关国家主权,不应贸然签约,因此于报端撰文批评,并
多次致函孙中山表示强烈反对。他于2月9日致函孙中山:

　　　　逸仙总统执事:到沪后,闻人言公与克强、盛宣怀、松方正义四
　　人,订立合同,以汉冶萍公司抵款千万,半作政费,半入公司,不胜诧
　　绝。大冶之铁,萍乡之煤,为中国第一矿产,坐付他人,何以立国?公
　　司虽由盛宣怀创办,而股本非出一人,地权犹在中国,纵使盛宣怀自
　　行抵押,尚应出而禁制,况可扶同作事耶?此等重要事件,不经议会
　　通过,而以三人秘密行之,他日事情宣布,恐执事与盛宣怀同被恶名,

①　孙中山:《致章太炎函》(1912 年 2 月 9 日),中国社会科学院近代史研究所中华民国史
研究室等编:《孙中山全集》(第 2 卷),中华书局,1982 年,第 80—81 页。
②　《南京电》,《民立报》1912 年 2 月 9 日。

自是无容足于中区之地,如何不思久远而冒昧为此乎?……及今事未彰布,速与挽回,是所望于深思远计之英也。①

2月13日章太炎又致函孙中山:

汉冶萍公司者,本有户部官款六百万。张之洞以国家多难,惧清政府授之敌人,故与盛宣怀募集商本,归名于商,则外人不能强夺,其用心亦苦矣。不图引外人以合股者,即张之洞所与募集商本之人。身负不赀,逃窜在夷,掩官款之名,而欲归之一己;惧外人不信,则引临时总统、陆军部长以为昭质。以私人资格耶?则非股东也。以政府名义耶?则应批准而不应共署也。进退失据,徒令宣怀获利。②

同日,孙中山复函指出:"此事弟非不知利权有外溢之处,其不敢爱惜声名,冒不赀而为之者,犹之寒天解衣付质,疗饥为急。先生等盖未知南京军队之现状也。每日到陆军部取饷者数十起,军事用票,非不可行,而现金太少,无以转换,虽强迫市人,亦复无益。年内无巨宗之收入,将且立踣,此种情形,寓宁者俱目见之。召盛而使募债事,仍缓不济急,无论和战如何,军人无术使之枵腹。前敌之士,犹时有哗溃之势。弟坐视克兄之困,而环视各省,又无一钱供给。……似此紧急无术之际,如何能各方面兼顾。……此意当为时论扩之。至于急不择荫之实情,无有隐饰,则祈达人之我谅。"③孙中山的苦衷,在这里充分表露出来。

对于章太炎的数次函电,孙中山表示"公谊私情,两深感荷,盖不止监督而

---

① 《章太炎先生布告》,《大共和日报》1912年3月6日。

② 章太炎:《与孙中山》,上海人民出版社编:《章太炎全集·书信集》(上),上海人民出版社,2017年,第89页。

③ 孙中山:《复章太炎函》(1912年2月13日),中国社会科学院近代史研究所中华民国史研究室等编:《孙中山全集》(第2卷),中华书局,1982年,第85—86页。

维持之也",并表示坚持毁约,因为"急难之时期稍过,自当比择而从其宜"①。3 月 7 日,孙中山致电盛宣怀取消原借款条约。3 月 22 日,上海开临时股东会,与会者全数反对中日合办,合同草约乃宣告无效。

临时政府成立之初,章太炎以在野人士身份自居,对临时政府起到了监督作用,有论者批评他是在"找茬""拆台",相反孙中山却表现出了足够的雅量,他没有对章太炎的批评置之不理,而是能接受的接受,能解释的解释,表现出领导者的风范。

四 拥袁反孙遭笔伐

武昌起义后,清政府重新重用袁世凯,任命袁为内阁总理大臣。黄兴、宋教仁为促使袁世凯反戈一击,许以将来让袁世凯出任大总统,以建拿破仑、华盛顿之事功。从 1911 年 12 月 18 日开始,袁世凯派唐绍仪为全权代表与南方革命军政府总代表伍廷芳开始南北议和。孙中山回国后,也致电袁世凯,表示袁一旦反正,他必推功让能。

孙中山就任临时大总统期间,主持制定了《中华民国临时约法》,确立了民主共和的精神:"中华民国之主权属于国民全体。"颁布了一系列法律、命令,废除封建等级制度和种种陈规陋习,向全国人民灌输了民主共和精神,树立起国家发展的理想方向。

孙中山就任仅仅三个月后,为了换取南北统一,就让位于袁世凯。1912年 2 月 12 日,清廷宣布退位。2 月 13 日,孙中山向临时参议院辞临时大总统职,推荐袁世凯继任。但是,为捍卫共和成果,孙中山坚持临时政府地点继续设于南京,新总统必须遵守新通过的《中华民国临时约法》。

对于遵守约法,袁世凯通电南京方面,"共和为最良国体","从此努力进

---

① 孙中山:《复章太炎函》(1912 年 2 月 22 日),中国社会科学院近代史研究所中华民国史研究室等编:《孙中山全集》(第 2 卷),中华书局,1982 年,第 120、121 页。

图 4－6　袁世凯

行,务令达到圆满地位,永不使君主政体再行于中国".① 3 月 10 日,袁世凯在北京宣誓:"发扬共和之精神,涤荡专制之瑕秽,谨守宪法。"②改都北京,就任总统职,并着手组织统一的民国政府。3 月 30 日,南北各党派联合的唐绍仪内阁宣布成立。4 月 1 日,孙中山辞卸了临时大总统的职务。次日,参议院决定临时政府迁北京。4 月 8 日,南京参议院休会北迁,南京临时政府告终。4 月 21 日国务院在北京成立,4 月 29 日参议院在北京行开院礼。南北统一,中华民国开国完成。

　　1912 年 5 月,章太炎终于与同盟会断绝关系。章太炎出于对列强侵华新步骤的担心,以及对南京临时政府转向支持对袁做出让步的失望,反对南京临时政府为牵制袁氏而采取的各项措施。他认为,定都何处,必须从全局着眼。他坚持定都于北京,在《致南京参议会论建都书》中说:北京"东控辽沈,北制蒙回",若首都迁于南京,"威力必不能及长城以外";若袁氏南来,"北方失所观望,日、露已侵及东三省",加上宗社党等仍思拥戴旧君,若镇制之力不足,势必

---

　　①　《临时政府公报》第 15 号,1912 年 2 月 14 日。

　　②　《临时公报》1912 年 3 月 11 日。按:《临时公报》系袁世凯就任总统后在北京刊布。

导致"南北分离,神州裂幅";此外,北方文化已衰,若首都南迁,必使其衰势进一步发展;外交使团都在北京,"迫令迁徙,必以重资备偿"。为此,他要求参议会决议仍以北京为首都。① 建都地点之争,表明章太炎期望尽早建成强有力的统一政权。

正是基于这一愿望,在首都所在尚未定局、袁世凯尚未正式就任临时大总统时,章太炎就已忙于改组中华民国联合会为统一党。1912 年 3 月 1 日,他在《大共和日报》上发布了《中华民国联合会改党通告》,说明党名由来:

> 南北混一,区夏镜清,共和之政府成,而艰难复逾于曩昔。经营构画,在强有力之政府,谋议监督,在有智识之国民。夫惟集天下之智勇,聚天下之精材,然后一者不复分,合者不复涣。②

图 4-7　1912 年 4 月 6 日,孙中山出席统一党在上海哈同花园举办的欢迎会

3 月 2 日,中华民国联合会在上海江苏教育总会举行改党会议,章太炎在会上进一步申述了以"统一"为党名的用意:"'统一'二字,若当国势巩固之

---

① 章炳麟:《致南京参议会论建都书》,《时报》1912 年 2 月 13 日。
② 汤志钧编:《章太炎年谱长编》(上),中华书局,1979 年,第 392 页。

后,本无庸说。现在则不得不有所需求。以中国此时南北尚未和合,外藩尚未亲附,政权兵权尚未集中,故宜标示此义。"在介绍统一党宗旨时,章太炎又特别强调:"本党宗旨,不取急躁,不重保守,惟以稳健为第一要义。……国力未厚,有智者对于政事自必小心谨慎,多所顾瞻,不能一往偏激。"①章太炎希望高举"统一"旗帜,建立一个以稳健为第一宗旨而与同盟会相抗衡的议会政党。

3月3日,中国同盟会本部在南京举行全体会议,决定大为扩张,以成为民国最大政党,选举孙中山为总理,黄兴、黎元洪为协理,通过《中国同盟会总章》。在此前后,还成立了其他不少以党、会、社为名的组织,但影响最大者仍数同盟会与统一党。当时,张继、于右任曾提醒章太炎,告诫他要注意"保皇、立宪诸党之不可信",提防"帝制复兴",但是他听不进去,反而指责同盟会"怀娟嫉之心,挟阴私之计",甚至写信给梁启超,要借梁氏"门下之英才,以作党中之唇齿",说"当今南北相持,犹未和洽,南京政府取消以后,悍兵暴客复当挠乱,东南不逞之徒弥满朝市。欲令此曹灭迹,非厚集智慧,无以为功",明确站在同盟会对立面。

为了及早结束"南北相持"局面,章太炎认为南京临时政府为制约袁世凯所采取的各项举措,大都没有必要,甚至怀疑其动机而屡屡出面反对。其中最为突出的事件,就是1912年3月11日孙中山下令公布参议院通过的临时约法,章太炎授意在《大共和日报》上发表了署名"匪石"的两篇文章《否认临时约法》与《再论否认临时约法》②,指责参议院由各都督府所派代表组成,并非民选,无资格行使主权、制定约法;甚至攻击临时约法"无非以揽权猜忌之心,制为荒谬抵触之法"③。在他心目中,既然袁世凯已经宣布效忠共和,既然已经选举袁世凯为临时大总统,那就不应当提防及设法牵制袁世凯。

---

① 《联合会改党纪事》,《大共和日报》1912年3月3日。
② 谢樱宁:《章太炎年谱撷遗》,中国社会科学出版社,1987年,第66页。
③ 章太炎:《否认临时约法》(1912年3月26日),上海人民出版社编:《章太炎全集》(十)《太炎文录补编》(上),上海人民出版社,2018年,第422页。

在袁世凯在北京宣誓就任临时政府大总统后,章太炎曾给袁世凯写过《致袁项城商榷官制书》《致袁项城论治术书》两封书信,表达他对袁氏的殷殷期望:"厉精法治,酬报有功,慎固边疆,抚宁南服,以屏中夏于泰山磐石之安,而复一等国之资格",其中特别强调了边疆问题,这是他一直关注的重点,中国的统一安定实在太重要了。而当今急务,他则建议袁世凯"以光武遇赤眉之术,解散狂狡;以汉高封雍齿之术,起用宿将;以宋祖待藩镇之术,安慰荆吴"①,这里指点的,也都是当时政权建设中甚为尖锐的问题,包括辛亥革命以来的各地起义军、清朝旧将领、武昌和南京方面反清的革命党人。他的这一态度,理所当然地引起原同盟会许多成员的强烈不满。

章太炎这时是真心希望袁世凯政府能把中国的事情做好,因此,当1912年4月9日,当袁世凯聘请章太炎为总统府高等顾问,并派王赓专程南下奉迎时,章太炎兴冲冲地带着一批统一党干部于4月27日到达北京。

然而,事态的演变,很快就使章太炎的志愿——严重受挫。他对袁世凯心胸的褊狭有了切身体会,但对袁世凯的政治意图、政治本质,仍然处于认识模糊状态。8月24日,孙中山到达北京,与袁世凯相晤。孙在京逗留近一个月,与袁世凯深入讨论了国家各项政策,深为袁世凯的谦恭及言辞所打动。返回上海后,在国民党欢迎会上,他评价袁世凯说:"余信袁之为人,很有肩膀,其头脑亦甚清楚,见天下事均能明彻,而思想亦很新。……欲治民国,非具新思想、旧经练、旧手段者不可,而袁总统适足当之。"②

在这一气氛下,章太炎对袁世凯仍寄予期望。9月5日,孙中山约请北京议员在北京迎宾馆举行茶话会。章太炎出席并发表演讲:"中山北来,实为调和政党起见,此实中华民国莫大之要图。鄙人与中山相知最久,从前时对于中山行事不无责备,因其故形宽和,事多放任,因之往往或有弄权之弊。然此不得不归咎于首领,亦犹今之责备袁大总统之意也。但南北调和之际,孙中山对

---

① 章太炎:《与袁世凯》(三),上海人民出版社编:《章太炎全集》(十二)《书信集》(上),上海人民出版社,2018年,第564页。

② 《民立报》1912年10月7日。

于项城事事相让,岂徒能弃万乘,实为天下得人计也。解职以来,失职者或谋暴乱,结党者惟务贪缘,而中山超然事外,从未赞成一语,至可佩服。惟现在有一部分地方党,不惟不顾国家,兼亦不顾本党,即如中山为革命元勋,今日亦遭排斥,人之无良,一至于此。然以鄙人观之,彼地方党之排斥中山,不啻以卵投石耳。何则? 彼一般结党营私者,固不可一日无党。若长厚如中山,功名如中山者,又安用党为!"便建议:"孙、袁、黎三公,皆不用党,亦不必以党为凭借。行事而当,发言而正,人心助顺,孰不风从草偃,是四万万人皆其党也,又安用私党为哉! 彼地方党者,不义必自毙,适足以自败耳,而欲排斥中山,于中山庸何伤哉!"①

10 月 10 日,袁世凯授勋,宣布授孙中山、黎元洪大勋位,唐绍仪、伍廷芳、黄兴、程德全、段祺瑞、冯国璋勋一等位,章太炎勋二等位。章太炎很不满意,致书王赓说:"二等勋位,弟必不受。"为此,章太炎负气要辞去高等顾问职。袁世凯急忙安抚,起先动议请章担任国史馆总裁,被章太炎拒绝。袁又派王赓来,要章担任设在通州的仓场总督,即清代掌管漕粮收贮的总督仓场侍郎,章太炎也回绝了。此时,他去东三省奉天、长春、哈尔滨等地走了一圈,给他留下了很深的印象,认为此地大有作为。章太炎对袁世凯政府的所作所为深感失望,于是联合北京报界上书袁世凯,指责袁政府内政外交的无能和腐败。继续留章太炎在京已嫌碍事,于是袁世凯委派章太炎为东三省筹边使,章太炎随即兴冲冲地准备大干一番事业。他发布了一份《通告东三省文》,制订了推动东北实业的四项计划,但是这些计划既得不到东北地方官员的支持,也得不到中央政府的经费支持,这使他感悟到又一次被袁世凯骗了。

袁世凯继任为临时大总统后,章太炎为袁氏谋划,同孙中山等意见更多不一。特别是他组织中华民国联合会、统一党,于同盟会及后来的国民党外图谋形成另一股政治势力,被孙中山的追随者视为大逆不道。章太炎因此遭到了前所未有的猛烈的口诛笔伐。广东同盟会支部通电抨击称:"章炳麟乞前充满

---

① 《孙先生迎宾馆答礼会记》,《民立报》1912 年 9 月 12 日。

奴端方侦探,泄露民党秘密,笔据确凿,尚存本处。忽闻委以国史馆长,如此重大事件,委诸佥壬之手,势必颠倒是非,摇惑万众。"①戴季陶在他主编的《民权报》上,号召海内外人同声讨伐章太炎,因为章太炎"在昔则以图财之故,而通清吏,作奸细,弃革命党,攻击孙中山;在今则主张专制,逢迎袁世凯,诋毁孙、黄,排斥同盟会"②。戴季陶甚至破口大骂,称章氏为"狗彘不食之章太炎",说"吾为中国人,中国人而有章太炎之逆贼,而无人诛之,又为中国人羞"。③ 这类谩骂之辞、人身攻击之语,一时间充斥于同盟会系统的许多报刊。孙中山与章太炎的关系,在这种情况下自然更加疏离。

---

① 汤志钧编:《章太炎年谱长编》(上),中华书局,1979 年,第 404 页。

② 《正告神州报》,《宋渔父、戴天仇文集合刊》,中美编译局,1918 年,第 17 页。

③ 《该死的章炳麟》,《宋渔父、戴天仇文集合刊》,中美编译局,1918 年,第 21 页。

第五章
讨袁护法　同仇敌忾

一　宋案后关系回暖

孙中山辞去临时大总统后,全力倡导民生,发展实业,实行"社会革命"。而热衷于集权、独裁和称帝的袁世凯则不能容忍异己力量的存在,决心扫除妨碍他集权统治的一切障碍。

1912 年 12 月至 1913 年 3 月,正式国会议员陆续北上进行了国会议员选举,以组成正式的由参、众两院构成的国会,从而组成正式中央政府取代临时中央政府。最终,由同盟会联合统一共和党、国民公党、国民共进会、共和实进会改组而成的国民党,在选举中获得大胜,当选议员近四百人,占六百余议员总数的一半以上,亦即超过共和、统一、民主

图 5 - 1　国民党代理理事长宋教仁

三党当选议员的总和。中国同盟会改组为国民党及各省竞选事宜,俱由宋教仁主持。数月以来,宋教仁经湘、鄂、皖、宁至沪,沿途发表抨击袁世凯政府之言论,申述政见。① 之后,宋教仁任国民党代理理事长,决心通过选举的成功,

---

① 《民立报》1913 年 3 月 22 日。

组成国民党执政的政党内阁,建立起实行内阁制的议会政治。这对袁世凯的权力构成了严重威胁,其内务部机要秘书洪述祖派人于 3 月 20 日晚在上海火车站暗杀准备由沪北上的宋教仁。宋受重伤,于 22 日晨不治身亡。

图5-2 孙中山与黄兴等人在上海横滨正金银行商讨集资反袁问题时合影

宋教仁被暗杀,使孙中山等国民党人大为震惊。3 月底,孙中山立即从神户返回上海,与黄兴等商讨对策。孙中山认为宋教仁的被刺绝非偶然,而是袁世凯排除异己、实行专制独裁的手段,非以武力解决不可,应当采取"联日"以"兴师讨袁"的战略方针,并派人赴各省联络军人。然而,黄兴等许多国民党人不赞同武力讨袁的主张,认为"南方军力准备不够,袁世凯假面目尚未完全暴露,起兵讨袁无信心,主张听候法律解决,与袁世凯相周旋"①。汪精卫等则迎合张謇的"调停"主张,函电奔走不遗余力。国民党内的意见分歧,使孙中山失去了武装讨袁的主动权。

远在东北的章太炎得到消息后亦很震惊,宋教仁是同盟会重要领袖人物之一,在东京的岁月里,他和章太炎过从甚密,在许多问题上,他们意见很相投,彼此有一段永难忘怀的战斗情谊。更令章太炎震惊的是旋即捕获的凶手武士英及其指使者应夔丞,原来俱是听从赵秉钧及内务部秘书洪述祖的命令,这将嫌疑指向了袁世凯。4 月 13 日,国民党上海交通部在张园举行追悼宋教

---

① 陈锡祺主编:《孙中山年谱长编》(上),中华书局,1991 年,第 798 页。

仁大会,孙中山送挽联一副:"作民权保障,谁非后死者;为宪法流血,公真第一人。"①章太炎从长春赶往上海参加,但 17 日方才到达,写了《宋教仁哀辞》,痛悼这位已相交七年的革命同志:"炳麟不佞,七年与君子同游,钧石之重,夙所推毂。如何苍天,前我名世!殂殁之夕,犹口念鄙生,非诚心相应,胡胒感于万里哉?即日去官奔赴,躬与执绋,拜持羽扇,君所好也。若犹有知,当见颜色!"②从宋案中,章太炎终于觉悟到,自武昌起义特别是南北统一以来,他一直担心同盟会成员行动过激,担心革命党人会吓跑原立宪党人、旧官僚等所谓的温和派、稳健派,对袁世凯尤其反对"激烈"相待,而对同盟会却有诸多的指责和埋怨。结果,专制劣根根本无法铲除,民主共和风雨飘摇。

章太炎返回上海以后,受到孙中山的热忱欢迎,他与孙中山、黄兴相会,连同陶成章被刺杀后他一直拒绝见面的陈其美,一道讨论了如何对待宋案的问题。但是,由于不了解孙中山的武力讨袁主张,4 月 17 日,章太炎在国民党上海交通部欢迎会的演说中指出,袁世凯政府"只知招兵购弹,保护权位,国家前途危险已极",同时,人民为本案大动公愤,不能自禁,在此情况下,依靠法律将解决不了问题。他说:

> 中山、克强均主张稳健,以法律解决。我恐怕做不到。试问杀人正犯能到法庭受审判否?若其不能,此案即非法律所能解决。……试问中山、克强能劝止全国民党及国民不追问宋案正犯乎?不反对政府乎?所以,据兄弟看来,宋案当以政治解决为妥善,法律解决相提并进。若再勉强敷衍,结果终不堪问。故民党今日不必问政府如何强横、如何野蛮,只问政府行动能否合乎人道公理。若彼违反人道公理,吾党持公理人道以对付之。国民良心尚存,不患不赞成吾党,吾党共和目的不患不能达到。

①　《民立报》1913 年 4 月 14 日。
②　章太炎:《宋教仁哀辞》,上海人民出版社编:《章太炎全集》(八)《太炎文录初编》,上海人民出版社,2018 年,第 236 页。

　　章太炎所说的政治解决,就是通过国民党与其他反袁力量的联合,利用国会选举正式大总统的机会,推出黎元洪取袁世凯而代之。为了达到这一目的,章太炎一则通电反对"四凶",企图以此剪去袁世凯羽翼;一则溯江西上,策动黎元洪反袁。

　　之后的4月23日,国民党总部为欢迎章太炎而举行了全体职员欢迎会。会上,陈其美代表孙中山致辞,说:"太炎先生鼓吹革命,本吾国先觉,学问道德皆高尚纯洁,四万万人仰为泰山北斗。此次由北南来,适值宋案发生,先生为民国主张公理人道代表,必有名言伟论,解决民国根本问题。"①这些称誉,说明国民党领导人已经重新引章太炎为自己的同志。

　　在会上,章太炎发表了长篇演说,痛斥北洋政府腐败专制之病,说:

　　　　吾辈欲扫除劣政治,产出良政治,非先从医治国病、铲除专制劣根下手不可。……若坐视腐败专制之病常存留中央,则民国共和终成梦想。故今日吾革党对于建设民国问题,当仍以猛进的手段,循文明的步调,急求破坏专制恶根,拼命力争共和二字,此后方有建设可言。②

　　在血的教训面前,他重新引同盟会为自己的同志,为同盟会及国民党所蒙受的各种诽谤之词而感到义愤填膺。为此他说:

　　　　破坏、建设,本有钩连关系。反对者诬国民党只能破坏,不能建设,实不通论。盖吾党能破坏即能建设,所用的手段虽不同,而能力、作用则无不同。……

　　①　《国民党欢迎会记》,《民立报》1913年4月26日。
　　②　《国民党欢迎会记》,《民立报》1913年4月26日。

1913年5月初,章太炎在《神州日报》上发表了致袁世凯的公开信,随后,京、沪其他各报纷纷转载。在这封信中,章太炎称袁世凯"近昵"的总统府秘书长梁士诒、参谋本部次长陈宦、拱卫军统领段芝贵、国务总理赵秉钧为"四凶"。章太炎在这里,虽然骂的是"四凶"及袁氏其他亲信,但是很明显,他们都是得袁氏庇护方能为祸中国。章太炎先前多次表示过对《临时约法》不满,但这里他已明显转变,挺身而出维护《约法》,驳斥袁氏徒党加于孙中山、黄兴等"元勋"的各种诬陷不实之词,指出袁世凯之"政治,固非前清时代之政治,亦非文明新式之政治,即为一种特别中间之政治",而"政府党之报纸对于孙、黄及国民党,恰如仇敌、如蛇蝎,将种种之事捏造成文,或曰逆贼,或曰暴民,颠倒是非,毫无正鹄"。① 电文只说袁氏受蒙蔽,并不是因为章太炎对袁氏仍存幻想,只是由于他深知袁氏"阴怀跋扈",想暂时不直接抨击袁氏本人,好争取时间,一面造成"总统一席,无人举他"之势,一面防止"使伊生心,而演成恶剧",即尽量延缓和防止袁氏以暴力来镇压反对他的人。② 当然,这一点不可能骗过袁世凯,袁世凯也决不会因为此而放缓他的军事部署。

从袁世凯宣誓就任临时大总统起,章太炎就一直致力于支持袁世凯,害怕革命党人的激烈主义破坏了国家统一和稳健进行共和建设的大局。经过一年零三个月的风风雨雨,他终于看清了,反对激烈主义,倡导稳健主义,结果只是分裂了革命力量,保存了各种腐败的旧势力,而这些旧势力对付革命力量却一点儿也不温和。反激烈主义,正是革命与共和连连受挫、反动势力气焰日益嚣张的一个重要根源。

直到宋案发生以后,孙中山、章太炎等人对袁世凯的反动面目都有了较清楚的认识,都深深体会到革命党人内部互相猜忌导致革命力量分散、内耗而为敌所乘的危害,双方的误解与前嫌方才逐渐融解。1913年6月8日,国民党上海交通部再次举行茶话会,欢迎章太炎及刚从欧洲返国的蔡元培、汪精卫。

---

① 章太炎:《谈时局》(1913年6月3日),上海人民出版社编:《章太炎全集》(十)《太炎文录补编》(上),上海人民出版社,2018年,第479页。

② 《在武汉国民党支部欢迎会上的演说》,《顺天时报》1913年5月20日。

章太炎在演说中检讨了自己先前害怕所谓"激进主义"而向旧势力退让的错误，表示了化除意见、重新联合的决心。他诚恳地说："一年以来，从各方面观察，又将民国人物一一比较，觉吾民党，终算是有良心的，自始至终，尚不违背'国利民福'四字。……就民党一方面说，惟有化除意见，联合各省起义同志为一气，合力监督政府，终有政治改良之一日。"①这一番肺腑之言，通过事实的教训，使章太炎对自己以往的政见有了深刻的反省，并勇于修正自己的立场，由拥袁变为反袁。

图 5 - 3　1913 年 6 月 15 日，章太炎与汤国梨举行结婚典礼

这一年，章太炎的个人生活也发生了重大变化，在毅然辞去东三省筹边使后，1913 年 6 月 15 日，由孙中山秘书张通典做媒，四十六岁的章太炎在上海哈同花园同神州女学的教师汤国梨举行结婚典礼，孙中山、黄兴、陈其美、蔡元培等革命党领袖人物都盛服出席，由蔡元培担任主婚人。婚礼上，孙中山还赠送章太炎夫妇一套银具。这次婚礼，既表现出孙章二人政治上的重新一致，又反映了他俩感情上的愈合。

二　勠力讨袁护国

在国民党内部意见存在分歧的情况下，袁世凯加紧军事部署，以图镇压南方革命军。1913 年 5 月上旬，袁世凯下令"除暴安民"，公开向国民党宣战。6 月，袁世凯以国民党人李烈钧、胡汉民和柏文蔚反对借款、违抗中央为借口，免除了三人分别担任的赣、粤、皖都督的职务，公然向国民党发动进攻。然而，国

① 汤志钧编：《章太炎年谱长编》（上），中华书局，1979 年，第 436 页。

民党内部仍然意见纷纭,孙中山处于相当孤立和十分困难的境地。直到 7 月 12 日,李烈钧率部在江西湖口起义,组织讨袁军攻击李纯所部军队,"二次革命"由此爆发。孙中山在上海发布通电,谴责袁世凯的违法行径,表示"东南人民迫不得已以武力济法律之穷"①。南京、上海、广州、重庆等处随即响应,以武力讨袁。

7 月 15 日,黄兴在南京宣布江苏独立。7 月 16 日,章太炎立即发布宣言,号召各地共同起兵讨袁。宣言说:

> 统一政府成立以来,政以贿成,为全国所指目,而厉行暗杀,贼害勋良,借外力以制同胞,远贤智而近谗佞,肆无忌惮,不恤人言。……至于今日,而江西讨袁之师以起,江南诸军,一时响应,晋阳之甲,庶几义师。夫天之所助者顺,人之所助者信。若政府能追悔往恶,幡然改图,其势自定。必若怙恶不悛,任用狼虎,则义师所指,固当无坚不摧。②

同日,章太炎致电武昌黎元洪,要黎认清袁世凯派北兵南下,"名为防浔,其实乘公之急,诡称援助,以行监制耳",动员黎"亟宜厉兵北向,请诛罪人,以为南方指导",想以由黎"统摄群材,荡洗毒螫"为代价,争取黎元洪起兵反袁。③ 因浙江都督朱瑞"一意党附政府",迟迟不肯宣告独立,7 月 20 日,章太炎与蔡元培联名通电,揭露朱瑞贪赃劣迹,号召浙江省议会、商务总会及各部队"共扶大义,勠力抨弹""纠合文武,与众逐之"④。7 月 22 日,孙中山发表《告全体国民促令袁氏辞职宣言》,说:"国家安危,人民生死,胥系于袁氏一人之去

---

① 孙中山:《致参议院等通电》(1913 年 7 月 22 日),中国社会科学院近代史研究所中华民国史研究室等编:《孙中山全集》(第 3 卷),中华书局,1984 年,第 67 页。

② 章太炎:《宣言书》,《民立报》1913 年 7 月 17 日,上海人民出版社编:《章太炎全集》(十)《太炎文录补编》(上),上海人民出版社,2018 年,第 486 页。

③ 《致武昌黎副总统电》,《民立报》1913 年 7 月 17 日。

④ 《章炳麟、蔡元培宣布朱瑞劣迹通电》,《民立报》1913 年 7 月 21 日。

留。为公仆者,不以国利民福为怀,反欲牺牲国家与人民,以争一己之位置,中华民国岂容开此先例。"①作为对孙中山的呼应,7月26日,章太炎再次发表宣言,呼吁各讨袁军不仅要反对袁世凯本人,而且要将其从恶诸奸,一并扫除。宣言说:"今之起兵,为政治革命也。然则有害政治者,一切当锄而去之。"决不可对他们意存招抚,因"政府之恶,乃彼辈养成之"。②

图5-4 "二次革命"爆发后,孙中山于7月22日发表宣言,敦促袁世凯辞职

发表宣言之时,革命党人发动的这场"二次革命",军事上和政治上都准备不足。为增强反袁力量,黄兴策划推举清末与袁世凯齐名的岑春煊为讨袁军大元帅,节制各省讨袁义军。而岑春煊为争取冯国璋、张勋一道反袁,竟建议推举原恭亲王为大总统以取代袁世凯。章太炎当面斥责他这是要复辟,坚决予以制止。

7月27日,南京讨袁军总司令黄兴因战事失利,离宁赴沪,旋即离沪赴日。7月31日,北京国民党本部宣布将黄兴、陈其美、李烈钧等开除出党,以

① 孙中山:《告全体国民促令袁氏辞职宣言》(1913年7月22日),中国社会科学院近代史研究所中华民国史研究室等编:《孙中山全集》(第3卷),中华书局,1984年,第66页。

② 《章太炎第二次宣言》,《民立报》1913年7月27日。

示同"二次革命"划清界限。8月1日深夜,遭袁世凯通缉的孙中山亦离沪经台湾赴日本东京。各地反袁军逐一为袁氏所平定。短促的"二次革命"没有完成反袁的任务,也未能捍卫诞生不足两周年的共和制度,而以失败告终。正如孙中山后来所总结的:"癸丑之役,文主之最力,所以失败者,非袁氏兵力之强,实同党人心之涣。"①

面对这种困难的局面,孙中山和黄兴等,不得不再次流亡海外,劝章太炎也同行,但章太炎以"中国既光复,犹求庇异邦,我不欲为"而谢绝了,于是孙中山和章太炎分处海外与国内做着不同的努力和斗争。

孙中山在逆境中表现出难能可贵的品质,始终保持着百折不挠的战斗精神。他确信袁世凯的倒行逆施只能猖獗一时,终难逃脱覆亡的命运,号召革命党人高瞻远瞩,对将来要有信心。1914年5月,孙中山发表《讨袁檄文》,历数了袁世凯的种种罪行,指出袁世凯"既忘共和,即称民贼",表示"誓死戮此民贼,以拯吾民"②。孙中山抵达日本后立即展开革命活动,准备新的斗争。首要的任务是重组革命党。孙中山认真检讨了同盟会在辛亥革命后蜕变的教训,决心不再重蹈覆辙,形成了颇有特色的建党指导思想。1914年7月8日,中华革命党在东京举行成立大会,孙中山宣誓加盟并就任总理职务。中华革命党的宗旨为"实行民权、民生两主义",以"扫除专制政治,建设完全民国为目的",成为第一个举起反袁义帜的政党,从而把反袁斗争推向新的阶段。

孙中山等革命党人以东京的《民国》杂志和上海的《民国日报》等报刊为阵地,把矛头指向袁世凯专制独裁、帝制自为的罪恶行径,倡导"三次革命"。他认为要以"武力进行为目前惟一方针",组织了中华革命军。同时,密令陈其美、居正、胡汉民和于右任等在上海、青岛、广州和陕西三原筹设中华革命军东南、东北、西南和西北军军部。反袁武装斗争进入新阶段,起义连绵不绝。其

---

① 孙中山:《致黄兴函》(1915年3月),中国社会科学院近代史研究所中华民国史研究室等编:《孙中山全集》(第3卷),中华书局,1984年,第165页。

② 孙中山:《讨袁檄文》(1914年5月),中国社会科学院近代史研究所中华民国史研究室等编:《孙中山全集》(第3卷),中华书局,1984年,第90页。

中,影响较大的战斗多发生在广东和山东。中华革命军的斗争震撼了袁世凯的政权,激励了人民的斗志,推动了全国范围内的反袁斗争。

章太炎则希望借助联合共和党与国民党,利用国会选举总统,同袁世凯做最后一搏。于是,他抱着"与诸志士同处患难,为中夏留一线光明"的信念,冒着生命危险于 1913 年 8 月 4 日离沪北上。然而,到京后,他还未来得及活动,袁世凯已派巡警严密监视其行踪。章太炎清醒地认识到,一切政论都不容发表,根本不可能有所作为。在袁世凯就任总统后,对章太炎的监视仍未取消。面对袁世凯接踵而至的增修约法、解散国民党、取消参众两院国民党议员资格以及取消整个国会等一系列重建独裁体制的倒行逆施,章太炎深知继续留京已无任何作为。于是,他设法摆脱军警监视,离京南下,但是袁世凯根本不会放他南下。1913 年底,章太炎再也不愿与袁世凯继续周旋下去,亲赴总统府抗争,结果却被强行拘押,令整个中国为之震动。许多报纸突破封锁,发布了有关消息。

被押拘在石虎胡同军事教练所后,章太炎与外界几乎隔绝。他静坐静思,常常拒绝进食。袁世凯对章太炎欲杀不敢,欲释不甘,便采取了极力使他与社会政治实际进程完全脱离的措施。为缓和外界舆论的压力,袁世凯令警察于 1914 年 2 月 20 日将章太炎由石虎胡同移置龙泉寺幽禁。后因章太炎绝食,住院治疗一个月后,又迁入钱粮胡同一户民宅幽禁。在幽居的日子里,袁世凯加紧复辟帝制,章太炎写了《宋武帝颂》《魏武帝颂》《肃政使箴》等加以讽刺,同时在《检论》中增写了《非所宜言》《小过》《大过》《近思》等,反思与总结了辛亥革命以来沉痛的历史教训。

1915 年 5 月 9 日,袁世凯政府接受日本当局的最后通牒,承认了日本所提出的"二十一条"中扩大在南满、内蒙古东部、山东、福建侵略权益的大部分要求。8 月 14 日,秉承袁世凯的旨意,杨度联合严复及原同盟会成员孙毓筠、李燮和、胡瑛、刘师培发起成立了"筹安会",公开鼓吹中国必须废除共和制度,恢复帝制,并在全国各地发动请愿,要求实行君主立宪。12 月 12 日,袁世凯宣布接受"推戴"由大总统改称皇帝,次日即在居仁堂接受百官朝贺,帝制由此恢复。12 月 31 日，袁世凯下令改中华民国五年为中华帝国洪宪元年。

袁世凯颠覆共和，复辟帝制，激起全国强烈反对。12 月 27 日，蔡锷、唐继尧等在云南发布讨袁檄文，发动了护国战争。革命党人在各地组织了大规模的武装讨袁斗争。1916 年 5 月 9 日，孙中山为了加强党内党外的活动，由日本返回上海，在反袁护国浪潮汹涌澎湃的时刻发表了《第二次讨袁联络宣言》，明确指出“袁氏谋逆终不自掩，残杀善良，弁髦法律，坏社会之道德，夺人民之生计”，又指出“袁氏破坏民国，自破坏约法始；义军维持民国，固当自维持约法始”，所以，“袁氏未去，当与国民共任讨贼之事；袁氏既去，当与国民共荷监督之责，决不肯使谋危民国者复生于国内”。①

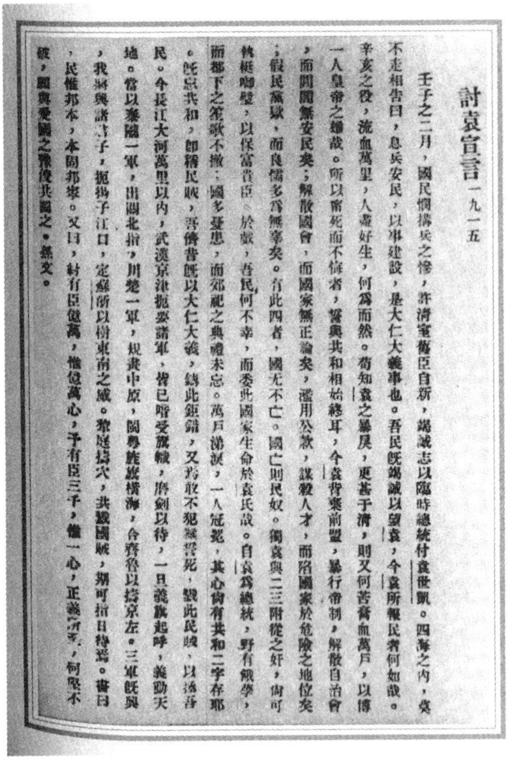

討袁宣言 一九一五

壬子之二月，國民憫擾兵之慘，許清室做臣自新，竭誠志以臨時總統付袁世凱。四海之內，莫不走相告曰，息兵安民，以事建設，是大仁大義事也。吾民既竭誠以望袁，今袁所報民者何如哉。辛亥之役，流血萬里，人盡好生，何爲而然。苟知袁之暴戾，更甚于清，則又何苦犧血萬戶，以博一人皇帝之歸哉。所以甯死而不悔者，冀與共和相始終耳，今袁背棄前盟，暴行帝制，解散自治會，而閭閻無安民矣；解散國會，而國家無正論矣，濫用公款，謀殺人才，而陷國家於危險之地位矣；假民黨獄，而良儒多爲無辜矣。有此四者，國无不亡。國亡則民奴。獨袁與二三附從之奸，尚可執梃嚼璧，以保富貴臣。於戲，吾民何不幸，而委此國家生命於袁氏哉。自袁爲總統，野有餓莩，而都下之笙歌不撤；國多憂患，而郊祀之典禮未忘。萬戶涕淚，一人冠冕，其心尚有共和二字存耶。既忘共和，即稱民賊，吾儕昔既以大仁大義，鑄此鉅錯，又焉敢不矧蹈誓死，殲此民賊，以拯吾民。今長江大河萬里以內，武漢京津扼要諸軍，皆已暗受旗幟，磨劍以待，一旦義旗起呼，義動天地。當以秦隴一軍，出關北指，川楚一軍，規畫中原，閩粵艦旗橫海，合齊魯以擣京左。三軍既與，我將與諸君子，扼揚子江口，定蘇浙以樹東南之威。犂庭掃穴，共殲國賊，期可指日待焉。書曰，民惟邦本，本固邦寧。又曰，紂有臣億萬，惟億萬心，予有臣三千，惟一心，正義所至，何堅不破，願與愛國之豫俊共圖之。檄文。

图 5－5　1915 年 12 月，孙中山为反对袁世凯窃国称帝发布的第一次讨袁宣言

而拘禁中的章太炎竭尽所能，积极投入到新的反袁斗争中去。他致书袁世凯，加以斥责和抗议：“某忆元年四月八日之誓词，言犹在耳。公今忽萌野心，妄僭天位，匪惟民国之叛逆，亦且清室之罪人。某困处京师，生不如死。但冀公见吾书，予以极刑。较当日死于满清恶官僚之手，尤有荣耀。”②此外，章

① 孙中山：《讨袁宣言》（1916 年 5 月 9 日），中国社会科学院近代史研究所中华民国史研究室等编：《孙中山全集》（第 3 卷），中华书局，1984 年，第 283—285 页。

② 姜义华：《章炳麟评传》（上），南京大学出版社，2011 年，第 181 页。

太炎还设法与南方建立联系。广西都督陆荣廷筹划响应云贵,图谋迎接黎元洪南下代行大总统职权。章太炎听说后,立即秘密致书黎元洪,要他设法脱离袁氏羁绊,从速决策南行。1916 年 6 月 6 日,袁世凯在内外声讨、众叛亲离中死去。黎元洪就任总统,下令恢复章太炎自由,结束了两年十个月的幽禁生活。

在反袁护国运动中,孙中山和章太炎虽然不在一起,但目标却始终是一致的。讨袁护国斗争取得了胜利,然而盘踞北京的依然是北洋军阀。孙中山和章太炎等革命党人已经尽力而为,却无力扭转共和制度的悲剧性命运。正如孙中山后来所总结的:“从前在日本虽想改组,未能成功,就是因为没有办法。”[①]

三　奔走护法

章太炎看到先前的革命党人只有孙中山还在做勇敢坚决的斗争,认识到自己过去反对孙中山的错误,很内疚难过。在这种思想的驱动下,章太炎从维护国家统一、保卫民主、保持政局安定出发,又与孙中山摒弃前嫌,消除争论,不记旧恨,共赴维艰,展开了反对北洋军阀的护法斗争。

1916 年 6 月,章太炎由北京南返。这时孙中山也在上海,曾两电黎元洪“规复约法,尊重国会”,章太炎也认为“约法、国会,本民国固有之物,为袁氏所摧残”,主张维护。[②] 此后,孙中山和章太炎多次一起参加会议,如:7 月 11 日出席黄兴为准备北上两院议员举行的饯行宴会,7 月 15 日出席驻沪粤籍议员的欢迎会,7 月 28 日出席孙中山招待中日两国人士的宴会。在这些会上,他们的基本主张都尚相契合。

8 月 13 日,章太炎、黄兴等人在上海举行追悼“二次革命”以来死难烈士大会,孙中山因病未能出席。章太炎撰写祭文《告癸丑以来死义诸君文》,强调帝制虽然已经废除,而不能算作真正胜利,若不正视,不仅将使诸君子徒死于

---

① 孙中山:《关于列宁逝世的演说》(1924 年 1 月 15 日),孟庆鹏编:《孙中山文集》(下),团结出版社,1997 年,第 1023 页。

② 汤志钧:《章太炎和孙中山》,《社会科学战线》1978 年第 3 期。

前,还将使才俊之士异日累累相枕为积尸,原因就在于:

> 今者兵未逾江,元凶自陨,于彼所丧一人耳,罪魁叛将,与其尝受伪命之吏,根柢相连,不可锄治。彼讼言帝制者,乱人也;阴佐帝制而阳称疾不视事者,又乱人也;以其野心与帝制异议,而欲保介袁氏余业,以桡大法而为罪人托命之主者,复乱人也。三乱不除,则袁氏未死,国会犹朝露,元首若赘旒。①

在追悼大会上,章太炎还发表演说,以袁氏篡国为教训,强调形势"未能乐观",因为"辛亥兵力甚弱,而人心坚固,此次兵力较强,而人心转涣。人谓辛亥为种族革命,此次为政治革命,实则此次亦仅可谓国体革命耳。军人干政之势未能廓清,正与辛亥同一覆辙,军人势力不除,虽政府电来追悼,无裨实际"。为此,他要求"国人以全力监督之,以凛履霜坚冰之渐也"②。但是,在军务院解散以后,已没有组织可以与北洋军阀势力相抗衡,只能表明章太炎已深感难以奈何段祺瑞政府。

之后,章太炎南赴肇庆,一度把希望寄托在岑春煊身上。希望破灭后,更"出游南洋群岛,岁晚始归"。孙中山又致电黎元洪,认为章太炎"硕学卓识,不畏强御,古之良史无以过之,为事择人,窃谓最当"③,推荐章为国史馆长。后受到守旧官僚和军阀反对,因他毕竟是同盟旧人,最终

图 5-6　段祺瑞

---

① 《章炳麟告癸丑以来死义诸君文》,中国国民党中央委员会党史史料编纂委员会编:《革命文献》第 48 期,"中央"文物供应社,1969 年,第 229—230 页。
② 《癸丑以后诸烈士追悼会纪事》,《时报》1916 年 8 月 14 日(本埠新闻)。
③ 孙中山:《致黎元洪电》(1916 年 12 月 10 日),中国社会科学院近代史研究所中华民国史研究室等编:《孙中山全集》(第 3 卷),中华书局,1984 年,第 402 页。

由遗老缪荃荪充任。

1917 年 3 月，段祺瑞召集督军团在北京开会，商讨对德宣战。5 月 7 日，国会讨论参战案。5 月 10 日，段祺瑞组织公民请愿团等包围国会，殴辱议员。5 月 11 日至 14 日，孙中山与章太炎两次联名致电黎元洪，要求严惩"伪公民犯法乱纪之人"，"勿令势要从旁掣肘"。① 5 月 22 日，孙中山与章太炎等联名致电段祺瑞及参众两院议员，要求政府"遵守大法，消弭战争"。此后，孙中山和章太炎意识到自身力量有限，要争取南方西

图 5－7　张勋

南护法力量，开展军事斗争。5 月下旬，孙、章联合致电西南军阀唐继尧，劝他团结西南力量，出师护法。6 月 6 日，孙、章愤北洋军人叛乱，又致电两广巡阅使陆荣廷、云南督军唐继尧及西南各省督军省长，电称："今之所谓中立者，果脱离何国何人何政府耶？若脱离民国，固当为四万万人所摈弃；若脱离总统、政府，亦与叛逆不殊。"②要求他们讨逆救国，放弃中立。

6 月 7 日，张勋率兵北上，与段派集议，电黎元洪调停须先解散，孙中山、章太炎联名发出《孙章两先生主张彻底澄清电》，电陆荣廷等南方各省督军、省长，指出："调停战争之人，即主张复辟之人，拥护元首之人，即主张废立之人"，"叛人秉政，则共和遗民必无噍类"。③ 坚决反对总统黎元洪同意张勋出任调停，劝黎元洪坚定立场，清除祸国罪魁徐世昌等人，谓："伪政府首领徐世昌及倡乱督军、省长、护法使辈，以及去岁帝制罪犯，指嗾叛乱之段祺瑞、冯国璋、张

---

① 孙中山：《致黎元洪电》(1917 年 5 月 11 日、14 日)，中国社会科学院近代史研究所中华民国史研究室等编：《孙中山全集》(第 4 卷)，中华书局，1985 年，第 29—30、32 页。

② 孙中山：《致陆荣廷唐继尧等电》(1917 年 6 月 6 日)，中国社会科学院近代史研究所中华民国史研究室等编：《孙中山全集》(第 4 卷)，中华书局，1985 年，第 101 页。

③ 孙中山：《致陆荣廷等电》(1917 年 6 月 10 日)，中国社会科学院近代史研究所中华民国史研究室等编：《孙中山全集》(第 4 卷)，中华书局，1985 年，第 102 页。

勋,身为主谋梁启超、汤化龙、熊希龄等,有一不诛,西南诸省之兵义不能罢。"①同日,孙、章又致电西南各省将领,以及广东都督陈炯明:"国会为民国之命脉,调和乃藉寇之资粮","今者群盗鸱张,判形已著,黄陂与之讲解,实同降伏"。②

7月1日,张勋发动复辟,扶持溥仪复位。孙中山闻变非常气愤,立即邀请唐绍仪、章太炎、孙洪伊等共商救国行动。7月3日起连续三天,孙中山邀章太炎、唐绍仪、谭人凤、柏文蔚、汪精卫、海军总长程璧光、海军总司令萨镇冰等人,齐集于上海环龙路63号孙中山寓所,就张勋复辟事进行磋商,一致决定拥护共和,出师讨逆。章太炎三天没有回家。3日,上海召开海陆军大会,孙中山、章太炎等参加,商量护法事宜。7月4日,孙中山与章太炎等商迎黎元洪来上海设立民国政府,督促全国讨逆,并发表《讨逆宣言》,指出:"此次讨逆之战,匪特为民国争生存,且为全民族反抗武力之奋斗!"③同日,孙、章又联名致电议员,盼南下护法,并通电西南六省各界,盼商建临时政府。但黎元洪执意要辞职,终不肯行。其实黎元洪虽是合法总统,但终是军阀出身,有他自身的政治图谋与局限,实力也不强,不会跟随孙中山。7月5日,孙中山又致电桂、粤、湘、滇、黔、川六省,要求他们"火速协商,建设临时政府,公推临时总统,以图恢复。一面先行通电拒绝冯氏代理,以免人心淆惑"④。

后孙中山转而决定在广州护法,谋在西南建立护法基地,讨伐叛逆。7月6日,孙中山和章太炎、廖仲恺、朱执信、何香凝乘海琛舰由上海启程赴广州,准备在广东建立临时政府。这时,章太炎已近五十岁,且刚得第一个儿子章导

① 孙中山:《致黎元洪伍廷芳电》(1917年6月10日),中国社会科学院近代史研究所中华民国史研究室等编:《孙中山全集》(第4卷),中华书局,1985年,第104页。

② 孙中山:《致陈炯明电》(1917年6月10日),中国社会科学院近代史研究所中华民国史研究室等编:《孙中山全集》(第4卷),中华书局,1985年,第103页。

③ 罗家伦主编:《国父年谱》(增订本)(下),中国国民党中央委员会党史史料编纂委员会,1969年,第678页。

④ 孙中山:《致西南六省各界电》(1917年7页4日),中国社会科学院近代史研究所中华民国史研究室等编:《孙中山全集》(第4卷),中华书局,1985年,第111页。

图 5-8　1917 年 7 月 20 日，驻粤滇军欢迎孙中山、章太炎时留影

不足三个月。为了国事，他抛开一切私利，亲随孙中山南下，与家人不告而别。7 月 10 日，抵达汕头。为建立临时政府事宜，章太炎当日便率陈炯明、朱执信离汕头赴广州，13 日晨到达，面见广东督军陈炳焜、广东省省长朱庆澜，要求他们"拒绝承认国会解散和重组内阁，拒绝承认段祺瑞复职和冯国璋代行总统职务"①。孙中山则于 17 日到达汕头，停留两日，19 日抵达广州。这时，参与张勋复辟的一众人等已作鸟兽散，段祺瑞重任国务总理，冯国璋任代理总统，拒绝恢复临时约法和国会，而假惺惺地要召集什么临时参议院，实际上就是要用一个各省军阀的代表会来取代国会。

　　面对这一形势，孙中山决定以"护法"为旗帜，号召国会议员南下，坚持真共和，反对伪共和。章太炎在谈到此次护法时说："今日救亡之策，即在护法，护法即先讨逆。余此次与孙中山来粤，即欲切实结合多数有力者，大起护法之师，扫荡群逆，凡乱法者必诛，违法者必逐，然后真正共和之国家，始得成立。所谓法治精神，人民幸福，庶有实见之一日。"②

　　在开始筹建护法军政府的具体工作中，章太炎出谋划策，亲手起草了不少

━━━━━━━━━

　　①　《粤海关情报》(1917 年 7 月 14 日)，广东省档案馆编译：《孙中山与广东——广东省档案馆库藏海关档案选译》，广东人民出版社，1996 年，第 79—80 页。

　　②　《章太炎之讨逆解》，《时报》1917 年 7 月 28 日。

图 5-9 1917 年 9 月 1 日,国会非常会议选举孙中山为中华民国军政府海陆
军大元帅。这是 9 月 10 日举行孙中山就职典礼时所摄

宣言、文件、函电等。7 月 27 日,章太炎提出:"共和国家,以法律为要素,法存则国存,法亡则国亡,合法者则为顺,违法者则为逆,持一'法'字以为标准,则可判别一切顺逆矣。"①为了找到足以与北洋政府相抗衡的力量,章太炎在广州协助孙中山动员国会议员和海军舰队南下,努力说服西南各督军、省长支持他们的斗争。当时,桂系军阀两广巡阅使陆荣廷、广东督军陈炳焜等人反对段祺瑞的武力统一,但又反对孙中山建立南方政府的计划。云南、贵州等地军阀,对此也相当消极。于是章太炎建议孙中山不要称临时大总统,而称摄大元帅,组建的政权不称临时政府,而称军政府,继续拥戴黎元洪为大总统。8 月 25 日,到达广州的国会议员举行非常国会,会议坚持《临时约法》必须恢复,国会的地位必须得到承认,决定在广州设立中华民国军政府,领导勘定叛乱,实现上述目标的斗争。8 月 31 日,国会非常会议通过《军政府组织大纲》。9 月 1 日,选举孙中山为中华民国军政府大元帅,2 日又选举唐继尧、陆荣廷为陆军元帅。9 月 10 日,孙中山宣誓就职。章太炎为孙中山草拟就职宣言,主张勘

① 汤志钧编:《章太炎年谱长编》(上),中华书局,1979 年,第 568 页。

定内乱、恢复《约法》，末段云：

> 文于是时，身在海隅，兵符不属，乃与海军总长程璧光、第一舰队司令林葆怿，共商大计。既遣兵轮赴秦皇岛，奉迎黄陂，亦不能致。犹谓人心思顺，必有投袂而起者。迁延旬月，寂然无闻。用是崎岖奔走，躬赴广州。所赖海军守正，南纪扶义，知民权之不可泯没，元首之不可弃遗，奸回篡窃之不可无对抗，国际交涉之不可无代表也。于是申请国会，集于斯地，间关开议，以文为海陆军大元帅，责以裁定内乱，恢复约法，奉迎元首之事。文忝为首建之人，谬膺澄清之责，敢谓神州之广，无有豪杰先我而起哉！徒以身与共和死生相系，黄陂为同建民国之人，于义犹一体也。生命伤而手足折，何痛如之！艰难之际，不敢以谦让自洁，即于六年九月十日就职。冀二三君子同德协力，共赴大义。文虽驽钝，犹当荷戈援枹，为士卒先，与天下共击破坏共和者。①

这份宣言书中，章太炎非常注意摆正孙中山与黎元洪的关系，他坚持主张奉迎黎元洪，不可动摇其正统地位，而强调孙中山不过是不得已而替代于一时，孙中山即使另有考虑，也只能默认这种说法。而这代表了当时一部分人的意见——护法阵营中的派别歧见仍然存在。

当晚，上海《民国日报》报道，广州举行共祝大元帅就职提灯会，参加者约万人，万人空巷，极一时之盛，游行者皆携小国旗及国旗灯笼，多书"共和万岁，民权复振""南方之强，民国复苏""共祝大元帅就职"等字样。

9月11日，孙中山发布军政府各部总长、次长任命书，正式组成护法军政府。章太炎被任命为大元帅府秘书长，负责管理大元帅府秘书处全处事务，并

---

① 孙中山：《就任海陆军大元帅布告》(1917年9月10日)，中国社会科学院近代史研究所中华民国史研究室等编：《孙中山全集》(第4卷)，中华书局，1985年，第140页。

指挥监督所有职员及雇员,具体工作包含文书函电起草保管、法令条例起草公布、新闻、公报、外交行政及国会事项等事务。这是章太炎首次担任孙中山政府机构的最高职务,其实是高级幕僚,居于中枢,做各方面协调的工作。

在中国革命的又一紧要关头,孙中山和章太炎再度合作,共挽共和。

四　游说西南军阀

西南军阀,首推桂、滇两系。桂系之所以容纳孙中山,是因为段祺瑞正大肆鼓吹武力统一,妨碍其割据两广、进窥湖南的发展野心,孙中山南下护法,可以增加他们与北洋军阀讨价还价的资本。而滇系唐继尧,正陷于争夺四川地盘的战争中,其对手表面上是川军,实际也是段祺瑞,为自身扩张需要,故也表示反段,支持护法。

图5-10　桂系军阀首领陆荣廷

图5-11　滇系军阀首领唐继尧

为了争取滇、桂系军阀的支持,孙中山在护法军政府中特将陆、唐二人推为元帅,但二人都不肯就职。尤其是陆荣廷认为孙中山军政府的成立,威胁到他的“两广王”地位,遂指使在广东的爪牙,处处给军政府制造障碍,其意在迫使军政府自然解散。章太炎是坚决支持孙中山的,见"孙、陆不相能""广州事难就",便协助孙中山努力争取打破这一困难局面。于是,为了争取客居香港的原广东督军龙济光,章太炎专程前往香港同龙济光洽谈,发现龙济光因与陆荣廷结怨甚深,在军政府同北洋政府对峙中将继续持观望态度。他还发现,龙济光等人的态度,相当大程度受唐继尧的影响,便与孙中山商定欲西行。孙中山派人来说:"今人心不固,君旧同志也,不当先去以为人望。"章太炎说:"此如弈棋,内困则求外解。孙公在广东,局道相逼,未有两眼,仆去为作眼耳。嫌人失望,以总代表任仆可也。"①于是,孙中山任命章太炎为总代表,偕同送元帅证书印信去滇的五名国会议员离穗经越南转道去昆明,与唐共同筹商时局。正在办理护照、准备起程时,北京政府商法国公使电致越南总督,不许革命政府人员过境,因之广州法领事拒绝在护照上签字。后改易姓名,章太炎改名为张海泉,抵达越南海防,华侨来招待,才得以安全通过。

　　唐继尧在西南军阀中实力最为雄厚,除控制云南与贵州两省外,还积极向四川扩张。1917 年初,章太炎曾为记述云南护国战争及唐继尧功勋的两部著作《再造共和唐会泽大事记》《云南首义拥护共和始末记》分别作序,对唐继尧大加赞许。9 月 26 日,章太炎抵达昆明。据说章到时,"特制了两面特大的红旗,挑选两个年青力大的人扛着,作为先导,以壮行色,兼示隆重之意"②。孙中山对章太炎亲赴云南敦劝唐继尧接受元帅职务一事极为重视,一再发电请章"速为劝驾",认为"唐就,陆必不辞,势难再缓,幸力图之","唐帅既已亲自督师,理应即日宣布就元帅职,以壮军威;并电促陆,使其自觉孤立……举足重轻,系于唐帅,惟诸君图之"。③ 直到 10 月初,唐继尧方才口头表示决心北伐,对于军政府事宜亦赞同一致,绝无异议。经孙中山与章太炎再三敦促,唐继尧

---

①　汤志钧编:《章太炎年谱长编》(上),中华书局,1979 年,第 549 页。

②　汤志钧编:《章太炎年谱长编》(上),中华书局,1979 年,第 570 页。

③　孙中山:《致章炳麟电》(1917 年 10 月 8 日)、《致章炳麟等电》(1917 年 11 月 11 日),中国社会科学院近代史研究所中华民国史研究室等编:《孙中山全集》(第 4 卷),中华书局,1985 年,第 213、236 页。

方才勉强"具礼受印证",就元帅之职,"然其文移号令,终自称滇黔靖国联军总司令,未肯称元帅也"。① 唐继尧认为孙中山、章太炎的举动用心险恶,在一封密电的批语上讲得非常明白:"中山举动,未嫌唐突。惟现已发表,似勿庸积极反对。有彼在,对内对外亦有一种助力;将来取消,亦有一番交换。故此间仅辞元帅职,未言其他。拟将此意,密告陆(荣廷)、龙(济光)、陈(炳焜)、谭(浩明)诸人,以免内部纷歧,反授人以柄。"② 唐与陆的这种态度,暴露了西南地方军阀支持孙中山、拥护护法,不过是他们以此为与北洋军阀进行政治交易的筹码的真实意图。

通过孙中山的努力,护法战争终于打响,南方湘桂联军拟由湖南北出武汉,亟待唐继尧配合。为了争取唐继尧,孙中山同意设立川、滇、黔三省靖国军,以唐继尧为总司令。他组织了滇黔靖国联军,11 月 4 日,任命章太炎为滇黔靖国联军总参议,要他随军由昆明进驻贵州毕节。此时北洋直、皖两系矛盾激烈,湖北黎天才、石星川宣告脱离北洋,拥护护法,为南方护法军政府带来希望。孙中山急电章太炎,要他请唐继尧顺流东下,会师武汉。章太炎亦反复向唐继尧陈说:"南北相持,不得湖北,不能取均势……宜分兵自贵州出湘西……与桂军会师武汉,敌人震眚,形势在我",劝说达十余次之多。而唐继尧终不肯出兵,章太炎这才明白,"冀庚歊四川富厚,不肯舍"。③

为此,章太炎致书孙中山,建议在泸州设立军政府驻川临时办事处,任命章为临时办事全权委员,并由孙发表声明,凡川中军政、民政、财政、外交等事,由章与唐商量处理。这一建议,将牵制唐继尧对四川的控制,当然不可能得到唐继尧的承认和支持,遂告流产。

1917 年 12 月 4 日,滇黔靖国联军占领重庆,12 月 14 日占领泸州。任唐继尧继续经营四川,还是敦促唐继尧东下,是这一时期孙中山、章太炎与唐继

①　章太炎:《自定年谱》(1928 年),上海人民出版社编:《章太炎全集》(十一)《太炎文录补编》(下),上海人民出版社,2018 年,第 787 页。

②　冯祖贻:《略论章太炎与西南军阀》,《贵州社会科学》1985 年第 9 期。

③　汤志钧编:《章太炎年谱长编》(上),中华书局,1979 年,第 549—550 页。

尧争论的焦点。12月3日至6日,章太炎连续致电孙中山,报告四川情况,与孙中山讨论护法战争总体方略,孙中山则要他劝说唐继尧尽早分兵东下,以定武汉三镇,从而稳定形势,使陆荣廷单独与北洋政府苟和的图谋无法得逞。12月21日,重庆镇守使熊克武通电加入护法卫国运动及靖国联军,并推举唐继尧为川滇黔靖国联军总司令。孙中山当天致电章太炎,要他说服唐继尧就元帅职,后他又连电章太炎,要他说服唐继尧顺流东下,会师武汉,然而唐继尧感兴趣的是占领四川,而非东下。

　　1918年1月10日,章太炎抵达重庆。11日,他致电孙中山,说明重庆镇守使熊克武受到川人拥护,在平定刘存厚势力后,尚有余力东下,显然对唐继尧不抱多大希望。16日,孙中山急电章太炎,赞成他的意见。这时,北洋军阀又通过岑春煊及江苏督军李纯、江西督军陈光远、湖北普军王占元放出和谈空气,唐继尧为巩固已到手的利益,正与冯国璋勾搭,岂肯为护法效力?章太炎又致电统帅湘桂联军的谭浩明,希望谭在攻下岳州后,一举攻下武汉。但谭的复电却是"君宜速致唐公下攻宜昌,仆则可窥武汉"。

　　岑春煊、唐继尧等人在护法战争上持消极态度,在反对孙中山和军政府上却很积极,这是因为孙中山所领导的军政府成了他们同北洋政府妥协的最大障碍。在西南联合会议图谋破灭后,他们便策划改组军政府,将大元帅一职改成若干政务总裁共同组成政务会议。1918年5月,护法军政府改为七总裁合议制,岑春煊任主席,孙中山为七总裁之一,于是孙中山辞去大元帅职,并发表通电指出:"顾吾国之大患,莫大于武人之争雄,南与北如一丘之貉。虽号称护法之省,亦莫肯俯首于法律及民意之下。"[①]5月下旬,孙中山离穗返沪。

　　随着事态的发展,章太炎认识到,无论是陆荣廷还是唐继尧,本意都不在北伐,而在扩张地盘,"惟欲割据三省,自固封殖",而"鄂省非一家所能专有",所以都不愿会师武汉。他们所营求的都只是一己私利,护法大局并不为他们所重。章太炎痛感不能"以一人胜众口",心灰意冷,6月13日在四川峨眉受

---

①　陈锡祺主编:《孙中山年谱长编》(上),中华书局,1991年,第1116页。

戒,宣言不再与闻世事,并动身离川东归。经过旅途一番辗转,10 月 11 日,章太炎归抵上海。

章太炎西南之行,使他对西南军阀有了极深的认识。12 月 2 日,他在上海《时报》发表了《对于西南之言论》,历述自己为唐继尧等人参议而未为见听的经过,深刻揭露了陆荣廷、唐继尧等西南军阀所持者只不过是一种"部落主义","广西不过欲得湖南,云南不过欲得四川,借护法之虚名,以收蚕食鹰攫之实效";他们忽而言战,忽而言和,"言和不过希恩泽,言战不过谋吓诈",无非效法"里巷讼棍之所为"。几个月的实地观察,使他看清了西南军阀的真面目,"外人徒见其宣布明电,慷慨自矜,而密电私议,实多不可告人之语",并断言"西南与北方者,一丘之貉而已"①。

依据西南军阀的力量发动一场护法战争以推翻北洋军阀统治的幻想,至此终于完全破灭。孙中山自叹"吾三十年来精诚无间之心几为之冰消瓦解,百折不回之志几为之槁木死灰"②。章太炎十分悲观地认为:"中土果有人材能戡除祸乱者,最近当待十年以后,非今日所敢望也。"③军阀是依靠不得了,孙中山和章太炎在这一点上认识完全一致。这是他们在相同时间、共同为护法而斗争的经历中,因西南军阀所作所为而得到的最深刻的教训。

---

① 《章太炎对于西南之言论》,《时报》1918 年 12 月 2 日。
② 孙中山:《建国方略》,中国长安出版社,2011 年,第 4 页。
③ 《章太炎对于西南之言论》,《时报》1918 年 12 月 2 日。

第 六 章
统一分治　又生歧见

一　在南北议和之间

第一次护法运动失败后,出于对时局的绝望,孙中山蛰居上海,暂不过问实际工作,转而潜心研究革命理论,撰述包括《孙文学说》《民权初步》及《实业计划》在内的《建国方略》,企图从思想上、政治上使国民党人达成共识,以解决中国的问题。他回顾了曾经走过的革命道路,希望从中获得有益于当前斗争的经验与教训。

1918 年 7 月 4 日,改为总裁制的军政府正式成立,唐继尧、陆荣廷、岑春煊、林葆怿就总裁职。孙中山则采取消极态度,未留粤就职,只是派徐谦为代表,并解释说:"文返沪以来,专理党务,对于时政,暂处静默,以避纷扰,故于军政府总裁就职问题,久未表示主张。"[1]在这前后,孙中山复函国会议员陈家鼎、吴景濂、伍廷芳等,表示坚持护法意愿。

这时,控制北洋政府的段祺瑞通过他所控制的安福国会推举徐世昌为大总统,倡导所谓南北议和。1918 年 10 月徐世昌就任中华民国第二任总统后不久,就利用第一次世界大战结束,美、英、法、日联合要求南北停战议和的机会,倡导与南方护法军政府进行和平谈判。孙中山在上海写信给革命同志称:"文对于时局问题,实无具体办法,惟望足下及国会诸同志,坚持护法初志。"[2]

---

① 孙中山:《复阮伦函》(1918 年 10 月 3 日),中国社会科学院近代史研究所中华民国史研究室等编:《孙中山全集》(第 4 卷),中华书局,1985 年,第 505 页。

② 陈锡祺主编:《孙中山年谱长编》(上),中华书局,1991 年,第 1134 页。

对于南北议和,则表示不赞同。11 月 30 日,广东军政府以包括孙中山在内的七总裁名义致电徐世昌,表示"希望真正和平,认上海为适当中立地。应仿辛亥前例,双方各派同数代表委以全权,定期开会"①。实际上,孙中山对南北和议颇有异议,并多次表示自己的态度。他在 12 月 4 日函复蔡元培时说,"近闻少数谋平和者,方欲牺牲国会而与武人为谋",5 日复函广州国会时明确表示,"此次军政府停战令之发布,文意亦未以为然"。②

这一时期的章太炎,对南北和议持反对态度。尤其是对于大总统徐世昌,章太炎一直视他为清王朝余孽和帝制复辟的元凶。他见许多革命党人对徐世昌敌视革命与共和的本质认识不足,便多次致函广东护法军政府及非常国会参、众两院,揭露徐世昌的真面目,要求他们奋起与徐相抗。1918 年 11 月 28日,他在致军政府司法部部长、孙中山在军政府的代表徐谦的信中,便力主明白宣布徐世昌的罪状。

1919 年 1 月 19 日,章太炎又致函参、众两院,揭露和谈阴谋,建议非常国会速选总统,以与北洋政府相抗衡。信中说:

> 昨者和平之说风靡一世。苟以民生憔悴,兵力单窭,不得不少望息肩,鄙人亦何敢独持异议? 而寻窥微旨,似不与始愿相符。南政府有二总裁,唯以副总统、副总理为目的,则不得不拥戴罪魁以为其主,斁法乱政,非所问也。鄙人以为时至今日,和、战两穷,唯有速选总统,以绝北人希望。若遂分裂,北方亦已不能作战矣。若仍持和议,则主体在我而不在彼,可取销者,北政府与新国会也,而南方斗极得以屹然不动。维持大体,莫善于此。③

---

① 上海《民国日报》,1918 年 12 月 7 日。

② 孙中山:《复广州国会函》(1918 年 12 月 5 日),中国社会科学院近代史研究所中华民国史研究室等编:《孙中山全集》(第 4 卷),中华书局,1985 年,第 521 页。

③ 章太炎:《与北京参众两院》(二),上海人民出版社编:《章太炎全集》(十三)《书信集》(下),上海人民出版社,2018 年,第 825 页。

图6-1 南北议和代表合影

然而,非常国会参、众两院虽有一些议员支持章太炎的建议,但林森、吴景濂等人却对他的主张持消极态度。1919年2月20日,南北和会在上海旧德国总会开幕。作为七总裁之一的唐绍仪出任南方议和总代表,朱启钤担任北方议和代表。和会开幕后,北洋军队仍继续向陕西护法军进攻。当和会即将召开之际,章太炎组织了护法后援会,重新使用护法这一旗帜与和会中妥协阴谋相抗。南北和会从2月21日起举行,2月28日即中断,4月9日复会,5月13日破裂。8月,北洋政府派遣所谓新国会众议院议长、安福系首领王揖唐充任和谈总代表来沪,策划再次复会,未能成功。

对于孙中山,章太炎深感失望。因为对于南北和会,孙中山持支持态度,他曾对章太炎说:"和议为外人所

图6-2 1919年,孙中山在上海与章太炎等合影。前排左起:孙中山、章太炎、胡汉民,后排右起:朱执信、古应芬、汪精卫

赞。必欲反对,外人将令吾辈退出租界。"①对此,章太炎深不以为然。

1920 年 5 月 4 日,在广州的岑春煊策动留粤少数议员开会,补选熊克武、刘显世、温宗尧为政务总裁,取代宣告脱离的唐继尧、伍廷芳及唐绍仪三总裁,与北洋政府私谋议和。6 月 2 日,孙中山与唐绍仪、伍廷芳及作为唐继尧代表的李烈钧在上海寓所会商,决定以军政府四总裁名义发表联合宣言,否认广州岑春煊主持下的军政府与政学系把持下的国会,决定将军政府及国会移往云南,并责成唐绍仪作为南方议和总代表即日与北方议和总代表王揖唐在上海恢复和谈。6 月 3 日,联合宣言正式发表。6 月 7 日,岑春煊发表声明,宣布孙中山等四总裁宣言无效,取消唐绍仪议和总代表资格,另派温宗尧接替。

对于岑春煊的所作所为,章太炎固然不满,但对于孙中山等人急于与北方议和,章太炎更为愤慨,他认为这都是由唐绍仪愚蒙孙中山、伍廷芳造成的。为此,6 月 9 日章太炎致电唐继尧说:若与王揖唐开会,"自非欲尊立徐世昌使成公认之大总统"不可;以四总裁名义发表此宣言,是唐绍仪"以哲妇倾城之技,献功北廷",因唐绍仪"本徐之心膂,素以议和营业",其所行系"拆台主义,但欲广东军政府速倒,不欲他之军政府继兴"。他责问唐继尧说:"公今既被推为三省联军总司令,总司令者,本对敌作战之号,……若不与北廷宣战,而与之议和,名实相戾,其谓之何?"据此,他要求唐继尧"应将四总裁宣言及委任唐绍仪与王揖唐议和事明电取消,应将现在上海和会明电否认,静待国会到滇,改组军府,仗义兴师,声讨僭伪"。② 但是,孙中山正全力部署打倒桂系军阀,重建广东护法根据地,在对北洋政府问题上,仍主张由上海和平会议做根本解决,对章太炎的主张未予采纳。唐继尧在打倒桂系军阀上有共同利害,自然也未接受章太炎的要求。政局的发展,使章太炎原先依靠南方军政府自选总统、建立新的中央政权的希望完全破灭。

---

① 谢樱宁:《章太炎年谱摭遗》,中国社会科学出版社,1987 年,第 103 页。
② 《章太炎致唐冀赓电》,《申报》1920 年 6 月 9 日。

二　二次护法

1920年7月28日,孙中山与唐绍仪、伍廷芳、唐继尧再度发表宣言,重申护法救国主张。宣言谓:"无论北方内讧如何结束,无论当局者为何派何人,惟我西南护法救国主张,必始终贯彻。北方果有希望统一诚意,必须首先废止中日军事协定,并有宣布废止中日二十一条之表示,然后和议乃可赓续,而国本乃不至动摇。倘有违背护法救国主张,复假借名义以谋个人权利者,不问南北、不问派别,当与国民共讨之!"[①]

反对北洋军阀的斗争从未停止,孙中山不断地促成四川、湖南、福建等地的革命党人的团结与奋斗,集中精力驱除桂系军阀。他除了联络唐继尧和其他反桂力量,更主要的是敦促驻闽粤军回师广东,以便"扑灭桂贼"和"统一南方"。虽然陈炯明在桂军三路进迫下才出师讨桂,但由于群众支持和其他反桂力量的配合,粤军进展顺利,1920年10月攻克广州,桂系残部逃回广西。

图6-3　1921年5月5日,孙中山在广州就任中华民国政府非常大总统

---

① 上海《民国日报》1920年7月29日。

1921 年 4 月 7 日,在广州的国会议员召开非常国会,选举孙中山为非常大总统,通过《中华民国政府组织法》。5 月 5 日,孙中山就职,并组建了中华民国政府,发起第二次护法运动。在正式就职之前的 5 月 1 日,孙中山特致函章太炎,邀请他急速南下。函中称:"文回粤以来,事变迭生,倏经三月。兹者粤局略定,西南联络,尚待进行,民生憔悴,如何苏息,千端未竟,岂一手一足之烈所能为计?急愿贤哲南来,匡我未逮,欲言千万,伫盼巾车有日前途。并希电告,俾饬人迎候。"①急切之情,溢于言表。显然是希望章太炎像第一次护法战争时一样,在联络西南各地军阀上发挥作用。章太炎反对徐世昌在北京任大总统,但认为孙中山"以议员二百人选为非常大总统",也属非法。不过,一旦反对孙中山就任,那就只能使徐世昌等人高兴,所以,"念武侯贺仲谋称尊之事,故不与争"。② 但是,也未应邀去广东。因为章太炎正在全力推行联省自治,这时他给孙中山的建议,一是"广东地治,一以付陈",放手让陈炯明在广东实行省自治;二是"他省逋逃,屏绝勿近",并说"得一夫而失一国,非谋也",指的是湘军将领周震鳞、程潜,章太炎担心孙中山支持他们率军返回湖南,使他所寄予重望的湖南省自治遭到破坏。为此,他还特别重托张继:"博泉在孙公左右,余以保傅冲人属焉。"③

统一两广,出师北伐,无疑是孙中山第二次在广州建立政权的中心任务。首要的目标是进攻广西。1921 年 7 月,正式下达讨伐令。8 月,粤军克服广西,完成西征任务。两广统一后,北伐被提上议事日程。9 月 13 日,章太炎就北伐事宜给孙中山写了长函。10 月 1 日,孙中山即写了回信。从这封信可以看到章太炎的主张和孙中山对他的期待:

---

① 孙中山:《致章太炎函》(1921 年 5 月 1 日),中山大学历史系孙中山研究室等编:《孙中山全集》(第 5 卷),中华书局,1985 年,第 530 页。

② 章太炎:《自定年谱》(1928 年),上海人民出版社编:《章太炎全集》(十一)《太炎文录补编》(下),上海人民出版社,2018 年,第 806 页。

③ 章太炎:《自定年谱》(1928 年),上海人民出版社编:《章太炎全集》(十一)《太炎文录补编》(下),上海人民出版社,2018 年,第 806 页。

太炎先生执事：

顷奉九月十三日手教，胪述长江方面政治、军事形势，出师方略，如烛照数计，其所以启发蒙昧，扶翼政府者，至周且挚。文现对全局为必胜可久之计划，一俟筹备就绪，即亲赴行间，使天下晓然于正统政府无偏安之意。

上海自民国以来，隐然为政治运动之枢纽；而言论机关林立，消息敏捷，主持清议，易于为功。先生昔在清季，提倡驱胡，灌输学说，于国中青年学子，每一言出，海内翕然宗之，光复之功，不在禹下。此时大军出发在即，务望先生筹度国是，发为谠论，以正谊之力，遏止伪庭卖国殃民之行动，他日收效之宏，当不让辛亥，而民国食先生之功于无既矣。承示路君孝忱一节，已电杨沧白兄，邀其来粤面商，并任为本府参军矣。著作余暇，希时有以督教之。诸惟为道珍摄不尽。

孙文　十年十月一日①

10月15日，孙中山乘炮舰离穗赴梧州，出巡广西，准备取道湖南北伐，组织大本营随行，北伐军三万人也于同日出发。章太炎闻讯，急电孙中山，要求北伐军改道江西，理由是："岳州已尽入北军，自铁道入株洲，不半日；株洲距衡阳百余里，其趣利速。而粤军东道韶关，西道零陵，去衡阳犹远，必不能与争，徒以长沙授敌耳。今公所恃名将，则协和(李烈钧)也，其志在江西；江西陈光远失众心，易攻。得江西，亦自可窥武汉，无徒苦湖南为也。"但当时主张取道湖南者有不少人，所以，为说服孙中山，章太炎"辩之急"。"十一月，始定计出江西"，他方才放下心来，因为这样得以使湖南免于"尽陷贼中"，即为北洋军乘势占领。②

1922年2月3日，北伐军大体整编完毕，孙中山颁发动员令，饬令李烈钧

---

① 孙中山：《复章太炎函》(1921年10月1日)，中山大学历史系孙中山研究室等编：《孙中山全集》(第5卷)，中华书局，1985年，第613—614页。
② 章太炎：《自定年谱》(1928年)，上海人民出版社编：《章太炎全集》(十一)《太炎文录补编》(下)，上海人民出版社，2018年，第806—807页。

率滇、黔、赣军为第一路,进攻赣南和鄂东;许崇智率本部粤军第二路,协同湘军出湖南直攻武汉。中旬,前锋部队分别进入湖南,北伐战争的序幕拉开。章太炎闻北伐军出湘南之讯,立即联合谭延闿、柏文蔚等联名上书孙中山,请求改变战略:大军如已出发,"宜趋向江西,而以湘为瓯脱。盖川粤同举,川向鄂西,粤向江西,则北军战线延长,湘省拒其中流,彼必不敢开衅,而长沙幸可保全。加以协和志在回赣,奋勇百倍,如此吴(佩孚)军虽盛,却有可挫之机,万一不利,亦无丧师蹙地之祸。若一意向湘,则株衡为必争之地,我未到达,彼已进据,湘中饷弹俱乏,补助未到,必不能阻遏直军。"①

5月6日,孙中山北上韶关,督师北伐,令北伐军分左、中、右三路向江西进发。6月3日,蔡元培等人以徐世昌已下台为借口,致电孙中山及广州非常国会议员,要求孙中山"停止北伐,实行与非法总统同时下野之宣言"②。章太

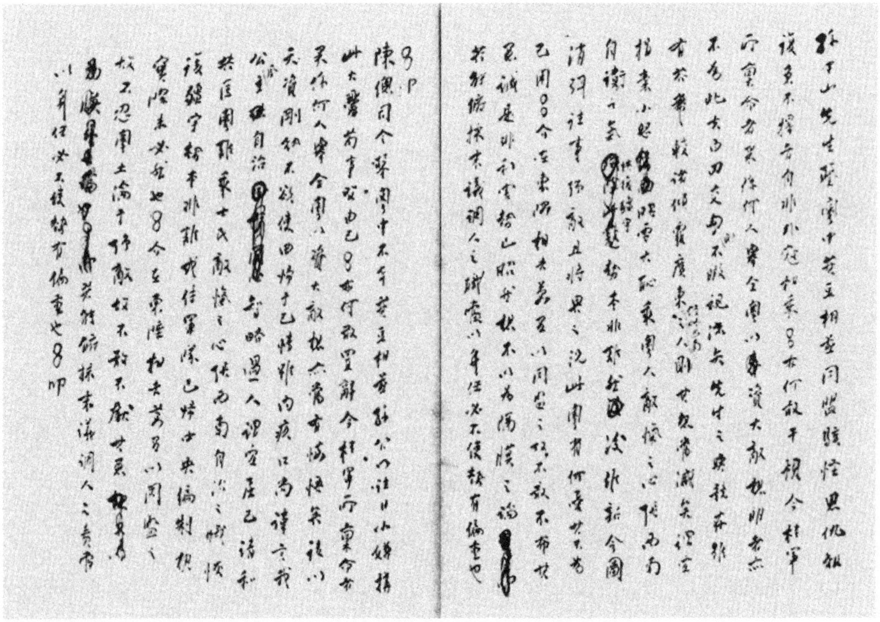

图6-4　陈炯明叛变后章太炎致孙中山函

①　陈锡祺主编:《孙中山年谱长编》(下),中华书局,1991年,第1429页。
②　陈锡祺主编:《孙中山年谱长编》(下),中华书局,1991年,第1456页。

炎立即于 6 月 6 日致电蔡元培加以驳斥,指出:"南方十二省,唯六省尚称自治,其余悉为北方驻防军所蹂躏,贪残无道,甚于奉张。此次北伐,乃南方自争生存,原动不在一人,举事不关护法。公本南人,而愿北军永据南省,是否欲作南方之李完用耶?"①出面坚持北伐,伸张了孙中山发动北伐的正义立场,理正词严。

6 月 16 日,因反对北伐而被孙中山免去广东省省长、粤军总司令和内务部长职务的陈炯明发动叛乱,炮击总统府和孙中山在观音山的居所粤秀楼,阴谋杀害孙中山。因双方力量悬殊,孙中山的警卫部队仅五百人,叛军有三万人,孙中山只得先期出走,宋庆龄于次日脱险,在永丰舰上与孙中山相见。之后,孙中山急令李烈钧、许崇智等人迅速率兵回粤,讨平叛逆。章太炎不赞成这一部署,指出:"军士前则气盛,归则气衰。今下南昌,其势如破竹,既定江西,与竞存争曲直,未晚也,归讨必败。"然而,孙中山及其周围人都未接受章太炎的建议,"卒弃江西,而旋归之师亦败"。这一点一直使章太炎扼腕不止,以为这真是"小不忍,乱大谋②。6 月 25 日,章太炎致电孙中山:"徐世昌伏罪,我公内践前言,外从舆论,翻然下野,信若丹青,无任钦佩。时局尚有纠纷,望公惠然来沪,赐以教言,鹄立待命。"③同时章太炎与唐绍仪等老同志致电陈炯明,劝他向孙中山请罪,认为"先生伟大,量如沧海,必将相谅也"④。8 月 9 日,孙中山不得不离粤返沪,发表宣言揭露陈炯明的叛乱罪行,决心继续为捍卫共和而战斗,第二次护法运动又以惨痛的失败告终。其间,章太炎不肯先去见孙中山,理由为:"中山之败,由于事前不听仆言,……自身失败犹小,大波所及,并江西而亦失之。仆以中山当先对仆引咎,故不肯先见也。"⑤

---

① 《章大炎与蔡元培电》,《申报》1922 年 6 月 7 日。

② 章太炎:《自定年谱》(1928 年),上海人民出版社编:《章太炎全集》(十一)《太炎文录补编》(下),上海人民出版社,2018 年,第 807—808 页。

③ 《申报》1922 年 6 月 26 日第 13 版。

④ 柏文蔚:《五十年经历》,《近代史资料》1979 年第 3 期,第 52 页。

⑤ 《章大炎再复上海民党书》,《申报》1922 年 9 月 2 日。

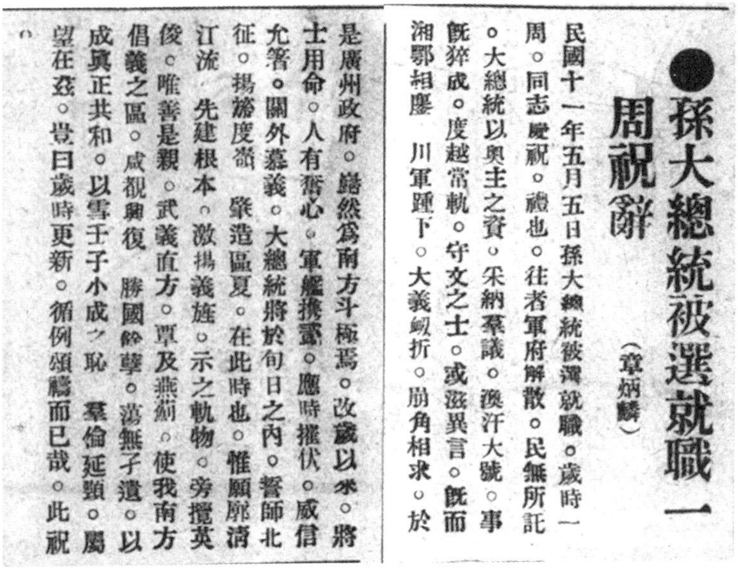

图6-5 《民国日报双五增刊》刊登的《孙大总统被选就职一周祝辞》

虽然章太炎厌恶南北军阀政府，有时连南方的革命军政府也被当作一盆脏水泼了出去，但他对于孙中山的事业，总的来说是尊重和支持的。1922年5月是孙中山就任非常大总统一周年，国民党机关报《民国日报》辟专栏加以庆祝，章太炎特撰《孙大总统被选就职一周祝辞》，表达对非常大总统孙中山的祝愿，以及对北伐的殷切期望。祝辞云：

民国十一年五月五日，孙大总统被选就职，岁时一周，同志庆祝，礼也。往者军府解散，民无所托。大总统以奥主之资，采纳群议，涣汗大号，事既猝成，度越常轨，守文之士，或滋异言。既而湘鄂相鏖，川军踵下，大义岨折，崩角相求。于是广州政府，岿然为南方斗极焉。改岁以来，将士用命，人有奋心，军舰携贰，应时摧伏，威信允箸，关外慕义。大总统将于旬日之内，誓师北征，扬旆度岭，肇造区夏。在此时也，惟愿廓清江流，先建根本；激扬义旌，示之轨物；旁揽英俊，唯善是亲；武义直方，罩及燕蓟。使我南方倡义之区，咸睹兴复，胜国余

孽，荡无孑遗，以成真正共和，以雪壬子小成之耻。群伦延颈，属望在
兹。岂曰岁时更新，循例颂祷而已哉。此祝！①

在第二次护法运动阶段，孙中山与章太炎在一些重要决策上意见多次相
左，但在反对北洋政府上仍有不少共同语言。两人私谊上，因章太炎对孙中山
私下颇有非议，常呈若即若离的维持状态。

三　统一分治之争

1920 年至 1923 年这一阶段，围绕联省自治
问题，孙中山与章太炎产生了非常大的分歧。章
太炎看到护法无望，转而倡导联省自治的救国政
治方案，主张西式地方自治，推崇多中心主义，极
力反对单一制，强调国家权力的制衡与分散，要
把国家建设成联邦制的宪政民主国家，企图以此
对抗北洋军阀政府，并以此抵制唐继尧、陆荣廷
等西南军阀假借护法之名扩张地盘。

图 6-6　谭延闿

联省自治源于 1920 年 4 月章太炎向熊克武提出的建立川湘同盟的建议。
同年 6 月，湖南军克复长沙，湘军总司令谭延闿发表治湘宣言，7 月 22 日首先
宣布湖南自治，这是自治运动的第一声。不久，谭延闿特派专使来沪，迎章太
炎赴长沙。11 日，谭延闿通电全国，明确提出："此后各省以武力勘祸乱，不如
以民治奠国基，仍宜互结精神，实行联省自治。"2 日，又以湘军全体将领名义
通电宣布，湖南将以率先实行自治，"以树联省自治之基"②。与之相呼应，章
太炎发表了《联省自治虚置政府议》和一系列通电，系统阐述了他关于联省自

①　章炳麟：《孙大总统被选就职一周祝辞》，《民国日报双五增刊》1922 年 5 月 5 日第 1
版。

②　湖南省志编纂委员会编：《湖南省志》(第 1 卷)，湖南人民出版社，1959 年，第 44 页。

治的观点与主张。

在章太炎的设想中,联省自治包括"各省自治""联省自治"和"联省政府"三个阶段①。而其基础,则是"各省自治"。具体地说,就是:"各省人民,宜自制省宪法;文武大吏以及地方军队,并以本省人充之;自县知事以至省长,悉由人民直选,督军则由营长以上各级军官会推;令省长处省城,而督军居要塞,分地而处,则军民两政自不相牵;其有跨越兼圻称巡阅使,或联军总司令者,斯皆割据之端,亟宜划去。"②这样一来,国家就成了各省联合组建而成的统一联邦,昔日集权的中央政府就只成了一个国家统一意义上的象征,只主要负责外交和荣典上的基础国政,不再享有实质方面的政治大权。

章太炎之所以力主联省自治,是希图用这个办法来削弱以至取消中央集权制度。他认为:"近世所以致乱者,皆由中央政府权藉过高,致总统、总理二职为夸者所必争,而得者又率归于军阀。攘夺一生,内变旋作,祸始京邑,鱼烂及于四方。"③中国不能绝对无政府,而应当尽量使地方权力加重而使中央权力减轻,才有可能将问题解决。他的这些论点与主张,投合了那些既不愿屈从北洋军阀统治、又不想依附唐继尧、陆荣廷等西南军阀的地方势力希图自保的需要。一时间,继湖南之后,四川、湖北、江苏、浙江乃至云南等省纷纷宣布自治,表示响应的还有陕西、湖北、福建、广西等省。章太炎与主张联省自治的省份保持着十分密切的关系,政治活动愈发频繁,甚至和曹锟、吴佩孚、谭延闿、熊克武等军阀都督也有不少的电信往来。作为省宪时期的一个重要人物,报纸上经常刊载章氏关于联省自治的观点。与此形成鲜明对比的是,江西依然忠于北方政府,广东省则在孙中山的影响下拒绝相从。此时身为非常大总统的孙中山坚称广东政府是全中国唯一的合法政府。

因此,联省自治运动在推进的过程中,无可避免地遭遇南北两方的压力。1921年夏,吴佩孚率军南下打败了主张联省自治的湘鄂川军,做了两湖巡阅

---

① 《章太炎与各省区自治联合会电》,《申报》1921年1月6日。
② 《章炳麟之联省自治虚置政府议》,《益世报》1920年11月9日。
③ 《章炳麟之联省自治虚置政府议》,《益世报》1920年11月9日。

使,给联省自治运动一个沉重打击。1922 年四五月间的第一次直奉战争,吴佩孚的直系将张作霖的奉系逐往关外,转而打出了恢复法统、召集旧国会及拥护黎元洪复大总统位的旗号,给联省自治以更大的打击。

不甘于联省自治就此偃旗息鼓的章太炎,为了同曹锟、吴佩孚等倡导的恢复法统相对抗,于 1922 年 6 月又提出了一套实行"大改革"以"定国本"的主张,并与褚辅成等人发起组织联省自治促进会,打算抵制吴佩孚的武力统一主义。然而吴佩孚仍然我行我素,继续推行武力统一政策。1924 年 3 月,吴佩孚强令湖南取消自治,章太炎致电湖南省议会及各军官,要他们坚决维护省宪,万不可取消省自治。7 月下旬,他倡导建立的联省自治促进会举行的筹备会致电各省议会,再一次呼吁"打破旧有一切团体,以联治主义为结合之中心"①。10 月奉直战争中冯玉祥倒戈反对曹、吴,章太炎两次发表《改革意见书》,以为统一不如分治,建议地方在省自治之上分为数国,中央建立行政委员会,采取合议制。事实表明,章太炎倡导联省自治,自以为是反曹、反吴、反直的治国奇方,其实已成了许多地方军阀掌中的玩物。

不仅直系军阀反对,孙中山也不赞成。孙中山认为联省自治不是改造中国的第一步方法,改造中国的第一步只有革命。只有打倒军阀,建立全国统一的革命政权之后,地方自治才能真正实行。他说:"以中国各省之土地与人民,皆比世界各小国为大而且多;故各省之自治,可不依附中央而有独立之能力。中国此时所最可虑者,乃在各省借名自治,实行割据,以启分崩之兆耳。故联省自治之所以不适于今日之中国也。……至如今日之所称为联省自治者,如果成立,则其害上足以脱离中央而独立,下足以压抑人民而武断,适足为野心家假其名而行割据之实耳。"②在联省自治问题上,孙中山与章太炎观点可谓截然相反。

1922 年底、1923 年初,因陈炯明叛乱陆续被平定,孙中山准备重返广东。

① 《联治社筹备会议》,《申报》1924 年 7 月 29 日。
② 蒋介石:《孙大总统广州蒙难记》,正中书局,1946 年,第 48—49 页。

章太炎一再为孙中山谋划,建议孙中山"能于广州重设合议政府,而以各省之老成旧帅处之,上也;孙、岑分领两广,次也。如此则叛魁息心,守府势固矣。惟孙称总统,于事未可"①。1923 年 2 月 21 日,孙中山抵达广州,设立大本营,就大元帅职,以大元帅名义指挥海陆各军。这是孙中山第三次在广州建立政权,同样还是决心再造统一的中华民国。章太炎认为虽非实行联省自治,"于大局有益无害",因为可与黎元洪南北呼应,"犹吴、蜀之联盟也"。② 章太炎听说黎元洪及其所任命的张绍曾内阁准备下令否认孙中山称大元帅,赶紧写信给李根源,告诫他:"此事徒挑衅隙,怨归当局,利归他人,速望设法打消。"③章太炎还为孙中山起草著名的《孙中山唐继尧寒电》,联络西南各省再次合作。但是,章太炎近年来苦心擘画的建国新方略联省自治,与孙中山的路线分歧是明显的。

这时,联省自治遇到了直系军阀的全方位回击。北方直系军阀高唱所谓的和平统一,对西南各省挑拨离间、软硬兼施,继而增兵东北,屯戍浙江。为使西南各省重新团结,以与北军相抗,4 月 14 日,章太炎起草了"西南各省,决以推诚相见,共议图存。弃前事之小嫌,开新元之结合"④的寒日通电稿,在征求了孙中山等人的同意后,以孙中山、唐继尧、刘成勋、熊克武、赵恒惕、谭延闿、刘显世等人的名义发表。之后,孙中山再次邀请章太炎南下至大本营参与谋划。5 月 9 日,章太炎致书孙中山,表示"近以联合西南,尚未竣事,未克南下",但向孙中山提出了详细的策略建议:"前联名通电未发时,我公曾欲召集各省代表;今电已发出,正着手此事。"但这仅是第一步,要在军事上形成攻守同盟,尚须"各省派遣军事代表于粤组织参谋团"以互通声气,再进一步建立军

① 章太炎:《与李根源》(五),上海人民出版社编:《章太炎全集》(十三)《书信集》(下),上海人民出版社,2018 年,第 880 页。

② 章太炎:《与李根源》(七),上海人民出版社编:《章太炎全集》(十三)《书信集》(下),上海人民出版社,2018 年,第 881 页。

③ 章太炎:《致李根源电》(九),《近代史资料》1978 年第 1 期,第 107 页。

④ 《代孙中山等拟"寒日通电"》,上海人民出版社编:《章太炎全集》(十三)《书信集》(下),上海人民出版社,2018 年,第 1001 页。

械同盟。"此外尚望推诚将士以辑军情,招致民八议员以钳敌口,本末兼施,名实具举。"①这一封信,表明章太炎对孙中山寄予很大期望,并希望以自己的建议影响孙中山的决策。

然而,联省自治并未因此而获得保障,孙中山亦不容许在联省自治名义下保持军阀割据。8月7日,谭延闿在衡阳通电就孙中山所委任的湖南省省长兼湘军总司令职务,赵恒惕在吴佩孚支持下出兵相抗。联省自治本以川、湘为中坚,川、湘局势如此,联省自治已名存实亡。章太炎因此对孙中山越来越不满。8月14日,他在致长沙省议会的电报中就谭延闿就职通电中所说"国家多难之因,在乎僭窃名义,割据土地",评论道:"是其根据广孙主义,非独不许湖南自治,亦且不许西南各省自治也。"②8月16日在致李根源书中,攻击孙中山"仍欲专制西南,自为元首",甚至愤愤地说:"中山扰乱自治,粤人已欲食其肉,而湘省次又当冲。欲安西南,非去中山不可。"③8月26日,他在致韩玉辰书中抱怨"西南诸将,除中山一人以外,融洽亦非难事",说"联省委员会本非难成,惟因中山作梗,以致挫折"④。因为这一分歧愈来愈难弥合,章太炎与孙中山日渐疏远,关系迅速冷淡下来。

1924年1月20日,孙中山在广州主持召开了中国国民党第一次全国代表大会。在1月31日发表的大会宣言中直接批判了联省自治派的主张,指出:

> 此派之拟议,以为造成中国今日之乱象,由于中央政府权力过重,故当分其权力于各省;各省自治已成,则中央政府权力日削,无所恃以为恶也。曾不思今日北京政府权力初非法律所赋予、人民所承

① 汤志钧编:《章太炎年谱长编》(下),中华书局,1979年,第116—117页。
② 《章太炎致湘议会电》,《申报》1923年8月15日。
③ 章太炎:《与李根源》(十九),上海人民出版社编:《章太炎全集》(十三)《书信集》(下),上海人民出版社,2018年,第893页。
④ 章太炎:《与韩玉辰》(二),上海人民出版社编:《章太炎全集》(十三)《书信集》(下),上海人民出版社,2018年,第1022—1023页。

认，乃由大军阀攘夺而得之。大军阀既挟持暴力以把持中央政府，复利用中央政府以扩充其暴力。吾人不谋所以毁灭大军阀之暴力，使不得挟持中央政府以为恶，乃反欲借各省小军阀之力，以谋削减中央政府之权能，是何为耶？推其结果，不过分裂中国，使小军阀各占一省，自谋利益，以与挟持中央政府之大军阀相安于无事而已，何自治之足云！夫真正的自治，诚为至当，亦诚适合吾民族之需要与精神；然此等真正的自治，必待中国全体独立之后，始能有成。中国全体尚未能获得自由，而欲一部分先能获得自由，岂可能耶？故知争回自治之运动，决不能与争回民族独立之运动分道而行。自由之中国以内，始能有自由之省。一省以内所有经济问题、政治问题、社会问题，惟有于全国之规模中始能解决。则各省真正自治之实现，必在全国国民革命胜利之后，亦已显然，愿国人一思之也。①

宣言中，孙中山指出章太炎等联省自治派不谋求通过革命消灭大军阀，只是借助各省小军阀的力量来削弱中央政府的权能，把地方权力无限扩大，其目的不过是要分裂中国，且认为真正的自治，我们是需要的，但是真正的自治，一定要在中国独立之后，也就是先实现国家统一，再推行地方自治。

1926 年北伐战争开始后章太炎的联省自治的主张在理论上和实践中均在前期完全退出历史舞台。

---

① 《中国国民党第一次全国代表大会宣言》(1924 年 1 月 23 日)，广东省社会科学院历史研究所等编：《孙中山全集》(第 9 卷)，中华书局，1986 年，第 116—117 页。

第七章
国共合作　分道扬镳

一　晚年思想的不同转变

　　1912年中华民国成立,标志着近代共和制国家形态取代了传统的君主专制国家形态。新的国家管理与运作系统虽取得了合法性,但因强大的旧秩序而难以在国家政治生活实践中有效地发挥其功能。这种状态,直接的后果就是中央与地方全方位的政局纷乱,战祸频仍。为了改变这一状况,孙中山凭借国民党这一有组织的政治力量坚持着斗争。但由于国民党的涣散和缺乏雄厚的群众基础,孙中山不得不在许多地方军阀间周旋,希望使这些力量为己所用,同时寻求加强国民党自身力量的办法。然而,以孙中山为首的革命派形成不了一个团结、统一的领导集体,在斗争策略上重武轻文,没有一支强有力的武装队伍,因此当北洋政府和封建复辟势力向革命党人反扑时,革命党几乎无还手之力。

　　在革命最艰难的时刻,世界和中国发生的重大历史事件促使孙中山进一步思考和探索。1917年列宁领导的俄国十月革命取得胜利,使逆境中的孙中山看到了希望。孙中山同列宁领导的苏维埃国家建立了直接的联系,立即致电列宁和苏维埃政府表示祝贺,并愿中俄两国政党共同团结战斗。1921年8月

图7-1　《青年杂志》第一号

28 日孙中山复函齐契林,介绍了 1911 年以来中国的政局,指出袁世凯死后列强仍然在政治和财政上扶植一些土皇帝和军阀;希望与莫斯科的友人获得私人的接触,对苏维埃的组织、军队和教育组织非常关心。

与此同时,为了反对袁世凯的专制复辟,寻求新的救国方法,忧国忧民的知识分子奋力在先,在孙中山领导的"二次革命"失败和蔡锷发动的护国运动受挫后,以北京大学为中心的陈独秀、李大钊、胡适等人则把希望寄托在中国青年的身上,从思想文化领域启发和引导青年觉醒,催促青年中国之诞生。1915 年 9 月 15 日,陈独秀创办了《青年杂志》,从第 2 卷起改名为《新青年》,在全国影响很大。以《新青年》创刊为标志在中国掀起的新文化运动,高举科学和民主两面旗帜,成为中国的启蒙运动,作为辛亥革命的补充。孙中山对新文化运动给予极高的评价:"一般爱国青年,无不以革新思想,为将来革新事业之预备。于是蓬蓬勃勃,抒发言论。国内各界舆论,一致同倡。各种新出版物,为热心青年所举办者,纷纷应时而出。扬葩吐艳,各极其致,社会遂蒙绝大之影响。虽以顽劣之伪政府,犹且不敢撄其锋。此种新文化运动,在我国今日,诚思想界空前之大变动","实为最有价值之事","倘能继长增高,其将来收效

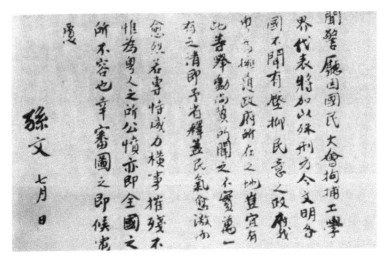

图 7-2　孙中山由上海发给广州当局要求释放被捕工人和学生的电报

之伟大且久远者,可无疑也。"①

　　1919年爆发的五四运动,是一场反帝反封建的学生爱国运动,引起了孙中山的极大关注。5月6日,当邵力子向孙中山电话报告了上海《民国日报》报道五四运动的消息时,孙中山对《民国日报》报道北京学生游行示威爱国反帝的情况嘉许不已,并立即指示:"《民国日报》要大力宣传报道北京学生开展的反帝爱国运动,立即组织发动上海学生起来响应。"②他不仅在思想和精神上鼓励和支持上海学生运动,而且还做了不少实际帮助。他曾致电给北洋军阀首领段祺瑞,要他从速释放被捕学生,并为上海被捕学生聘请律师辩护。五四运动后不久,孙中山命戴季陶、沈玄庐、孙隶三创办《星期评论》,同年8月又命胡汉民、朱执信、廖仲恺等创办《建设杂志》,参与新文化的激扬和新思潮的鼓吹。

　　整理党务也是孙中山此时的主要活动内容。国民党虽是一个有相当历史的政党,但其组织与党员之间的联络指挥并不顺畅和紧密。孙中山曾沉痛地说:"吾党本其三民主义而奋斗者历有年所","顾其所以久而不能成功者",则是"组织未备,训练未周","意志不明,运用不灵",③既缺乏明确的纲领,复又陷于瘫痪状态,许多党员或腐化堕落,或斗志消沉,犹如"一个就要死的人",④无法有效地进行革命,因而必须进行改造。因此,1919年10月,孙中山正式宣布将中华革命党改组为中国国民党,所以加上"中国"两字,以表示区别于1912年组建的国民党,公布了新的规约,"以巩固共和,实行三民主义"为宗旨。在此前后,孙中山反复阐述了革命政党的重要作用,批判了辛亥革命后一度流行的"革命军起,革命党消"的论调。强调必须以三民主义为政纲,因为它

---

　　①　孙中山:《致海外国民党同志书》(1920年1月29日),中山大学历史系孙中山研究室等编:《孙中山全集》(第5卷),中华书局,1985年,第209—210页。

　　②　孙中山:《给邵力子的指示》(1919年5月6日),王耿雄等编:《孙中山集外集补编》,上海人民出版社,1994年,第231页。

　　③　《中国国民党改组宣言》(1923年11月25日),中山大学历史系孙中山研究室等编:《孙中山全集》(第8卷),中华书局,1986年,第429—430页。

　　④　宋庆龄:《宋庆龄选集》,人民出版社,1966年,第462页。

所规定的任务都未实现。

1922年6月,军阀陈炯明发动叛变,反对孙中山北伐,进而炮轰广州总统府和粤秀楼。孙中山死里逃生,被迫经香港赴上海。这次"祸患生于肘腋"的事变后果是严重的,在孙中山垂三十年的革命过程中,"顾失败之残酷,未有盛于此役者"。正是这次事件,使孙中山认识到加强国民党的建设和建立一支革命军队的重要性和紧迫性。

所有这些,都很清楚地表明孙中山的思想在这一时期发生了极大的转变,他开始注意和总结国民党自身建设中的诸多问题,以及学生、工人等新型革命力量的涌现,并寻找解决的办法。

当孙中山在受到国内外重大历史事件的影响,重新思考和探索新的革命道路的时候,章太炎正被袁世凯软禁,与外界隔绝。袁世凯去世后,章太炎忙于护国战争与护法战争,先去南洋,后去西南,与新文化运动、俄国革命都很隔膜,也没有感觉到新兴的中国共产党已经登上了历史舞台。他的思想与学术都已自成体系。他认为,自己的使命只是阐述与传授这一体系,使之更加完善。对于正在勃兴的新文化运动,他因而也就异常隔膜。1917年春,就在胡适发表了《文学改良刍议》、陈独秀发表了《文学革命论》之后不久,章太炎便在上海发起建立了一个亚洲古学会,说"迩来西势东渐,我亚人群,有菲薄旧日文明,皮傅欧风,以炫时俗者,亚洲古学,益虑沦亡。……近者欧战发生,自相荼毒,惨酷无伦,益证泰西道德问题,扫地以尽,而东方高尚之风化,优美之学识,固自有不可灭者",旗帜鲜明地"以与全洲人士提倡旧日之文明"为己任①,站到了势头日猛的新文化运动的对立面。

当新文化运动启动、中国共产党成立和工农运动兴起之时,章太炎正忙于推行联省自治,奔走于西南地方军阀之间,倾全力注意直、皖、奉系军阀与各地方军阀之间的纷争。他的学生鲁迅、钱玄同、周作人,以及受他影响甚深的陈独秀、胡适、吴虞等人,是新文化运动的一批健将。而他的另一些学生,如黄侃

---

① 《发起亚洲古学会之概况》,《时报》1917年3月5日。

等人，对新文化运动则颇多异议。章太炎本人，对于新文化运动看到的更多是其不成熟之处。由于将主要精力放在政治与军事冲突上，相当一段时间内他都没有直接评述新文化运动。20年代初新文化运动参与者自身开始反思与加速分流后，章太炎对新文化运动正面提出了批评。1919年12月，向警予等一批勤工俭学学生赴欧前夕在上海候船，请名人讲学，章太炎为他们做了《求学之道》演讲，竟大反社会主义，这显示他对新学说的陌生，不能像当年反维新反保皇那样领导青年了，他开始失去青年的崇敬。

1922年4月1日，江苏教育会邀请章太炎在上海讲授国学，每周一次，共讲十次，听讲者起初有四百多人，最终亦仍有八十人左右。江苏教育会在《通告》中说："自欧风东渐，竞尚西学，……同人深惧国学之衰微，又念国学之根柢最深者，无如章太炎先生，爰特敦请先生莅会，主讲国学。"[①]这组演讲，扼要介绍了国学内涵、研治国学的方法、经学的派别、哲学的派别、文学的派别、国学如何进步。当时，《申报》曾概括报道了各讲内容，演讲内容有曹聚仁与张冥飞两个记录整理本，它们分别以《国学概论》与《章太炎先生国学讲演集》为名，由上海泰东图书局及平民印书局出版。

这次对公众讲学，是其时"整理国故"思潮的一部分。因为章太炎"国学泰斗"的特殊身份，他的讲演就具有了超越他人的影响。演讲以浅显直白之词，简要地说明了中国经学、史学、子学及文学的发展历程及各流派的异同，在结论中强调"经学以比类知原求进步""哲学以直观自得求进步""文学以发情止义求进步"[②]，虽受到责疑，被认为"好奇"而"恶新"，内容大体是平实的。但是，作这一番讲演本身，就是试图改变新文化运动以来所谓"国学衰微"的状况，表现了他的基本立场。

就在章太炎结束这一讲演后的6月15日，他给南京高等师范学校柳诒徵教授写了一封信，对自己当年在《訄书》《诸子学略说》中的反孔言论表示忏悔。

---

① 《省教育会请章太炎先生讲国学》，《申报》1922年3月29日。
② 《章太炎十次讲学记》，《申报》1922年6月18日。

信中说当年反对孔子的一些言词,系"狂妄逆诈之论",在《章氏丛书》中已经刊落,"不料浅者犹陈其刍狗",对柳诒徵批驳章氏旧说表示"感谢感谢"。信中特别表白:"中年以后,古文经典笃信如故,至诋孔则绝口不谈。……而前声已放,驷不及舌;后虽刊落,反为浅人所取。"要求柳诒徵作为"诤友",予以纠正。信中还对先前所著诸书为新学诸子所征引,"经史诸子,束阁不观",深为不满,要求柳诒徵"提挈后进,使就朴质,非但依据新著,恣为浮华"。[①] 这里是对新文化运动中"打倒孔家店"表示不满。因为自己先前著作被"打倒孔家店"者引以为据,章太炎不惜否定自己的过去,承认早年骂孔是一个错误。他对儒学表示了高度的认同,之所以如此,源于对儒学看法的改观以及现实的刺激。

1923 年 9 月,以章太炎为社长、以汪东任编辑与撰述的《华国月刊》创刊,他有了一个"甄明学术,发扬国光"的专门阵地。在《发刊辞》中,章太炎写道:

> 挽近世乱已亟,而人心之亟诡,学术之陵替,尤莫甚于今日。……居位者率懵不知学,苟闻其说,则且视为迂阔而无当。学者退处于野,能确然不拔自葆其真者,盖又绝鲜,大氐稗贩泰西,忘其所自,得矿砾以为至宝,而顾自贱其家珍,或有心知其非,不惜曲学以阿世好。……若夫浮薄少年,中无所主,遭逢世变,佹托幽忧,冒取古人及时行乐之义,而益驰骛于纷华。……尝谓治乱相寻,本无足患。漫假至于亡国,而学术不息,菁英斯存,辟之于身,支干灰灭,灵爽固不随以俱澌。若并此而天伐之、摧弃之,又从而燔其枯槁,践其萌孽,国粹沦亡,国于何有? 故曰:"哀莫大于心死。"可为长惧深戚者此也。[②]

这里所说的"居位者"、"学者"及"浮薄少年",指的是当时诸当政者、大学教授及广大青年学生;"稗贩泰西",指的是西化思潮。这里充分表明,章太炎不

---

① 章太炎:《与柳诒徵》(一),上海人民出版社编:《章太炎全集》(十三)《书信集》(下),上海人民出版社,2018 年,第 971—972 页。

② 《发刊辞》,《华国月刊》第 1 卷第 1 期,1923 年 9 月 15 日。

满新文化运动所倡导的内容,公开提倡"尊孔读经",成为一名文化保守主义者。

二　联俄联共的分歧

　　孙中山晚年的联俄政策,是其四十年革命生涯中的重要政策之一。以前,孙中山对西方帝国主义国家抱着幻想,以为它们会同情和援助中国革命,他"曾经无数次地向资本主义国家呼吁过援助,结果一切落空,反遭到无情的打击"①。从孙中山就任临时大总统到广东两次护法政府的建立,都得不到西方帝国主义列强的承认。这无数痛苦的回忆,使他对重走老路产生了怀疑。正

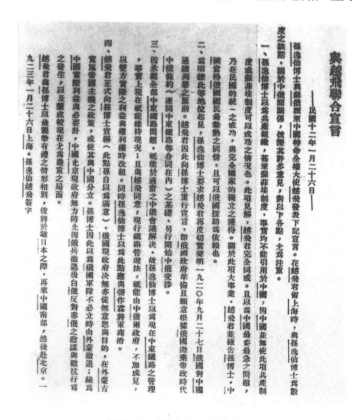

图 7-3　《孙文越飞联合宣言》

---

　　①　毛泽东:《毛泽东选集》(合订本),人民出版社,1964 年,第 1363—1364 页。

在此时,苏俄向他伸出真诚的援助之手,使他认识到,要想革命成功,非走"以俄为师"的革命道路不可。1921 年底,共产国际代表马林在共产党员张太雷的陪同下到桂林拜访孙中山,共同讨论了中国国民党同苏俄及中国共产党的关系问题。当时,孙中山明确表示,不能同苏俄公开结盟,担心过早联俄会招致列强的干涉。1922 年陈炯明兵变,使孙中山痛心疾首,转而复求苏俄援助。经过多次的会谈协商,1923 年 1 月,孙中山与苏俄代表越飞发表《孙文越飞联合宣言》,确立了两方合作、推动中国反帝反封建斗争的原则,标志着孙中山联俄政策的正式确立。

　　1921 年中国共产党的诞生,为孙中山联共政策提供了政党基础。原来,孙中山对于中国共产党的诞生,先是采取观望的态度。1922 年 7 月中共二大后,中国共产党加入共产国际成为共产国际的中国支部,当时共产国际关于中国问题的决议是要求中国共产党和孙中山合作,因陈炯明叛变的刺激,孙中山对中国共产党采取积极的态度,接受马林提议的中共党员加入国民党的建议。1922 年中共西湖会议,在马林的强烈建议下,最终决议"以个人身份加入国民党,同时保存共产党"①。之后,李大钊、陈独秀等共产党人以个人身份加入国

图 7 - 4　中国国民党第一次全国代表大会会场

---

　　① 　马林:《关于国共合作的笔记》(1922 年 11 月底 12 月初),李玉贞主编:《马林与第一次国共合作》,光明日报出版社,1989 年,第 91 页。

民党,并帮助孙中山进行国民党改组事宜。1923 年 11 月 25 日,孙中山发表《中国国民党改组宣言》,正式对外宣布国民党改组的目的和意义。

在共产国际和中国共产党的帮助下,1924 年 1 月,孙中山在广州主持召开了中国国民党第一次全国代表大会。在这次大会上,国民党宣布改组,主要是对外联俄联共,对内进行党务革新。大会通过了《中国国民党第一次全国代表大会宣言》,确立了联俄、联共、扶助农工三大政策,以革命精神重新解释了三民主义,接收中国共产党的反帝反封建主张,为革命的统一战线确定了共同纲领。大会通过了新的党章,选举了有共产党人参与的中央委员会。这次大会在国民党历史上具有非常重要的意义,从此国民党获得了新的生命力,由一个缺乏群众基础的政党发展成为一个全国性的政党。孙中山在开会词中指出:这次大会“是本党自有民国以来的第一次,也是自有革命党以来的第一次。我们革命党用了三十年工夫,流了许多热烈的心血,牺牲无数的聪明才力,才推翻满清,变更国体。但在这三十年中,我们在国内从没有机会开全国国民党大会,所以今天这个盛会,是本党开大会的第一次,也是中华民国的新纪元”。[①] 这次会议对于刚成立的中国共产党也至关重要,使中国共产党从一个少数知识精英聚集的党迅速成长为中国政治舞台上一支不可忽视的力量。这次会议标志着第一次国共合作的实现,有力地促进了以打倒列强除军阀为目标的国民革命的发展。

对于共产国际给予中国革命的支持和帮助,对于孙中山的联俄、联共政策,章太炎尤为疑虑不止。章太炎与孙中山一样注意到俄、日两国对中国的影响力,不过他主张借攘外以安内,强烈反对引外力入中国以解决内部矛盾,这成为他激烈反对孙中山联俄的根本出发点。过去俄国的侵华野心,日本一批浪人与政客在支持同盟会的帷幕的掩盖下所进行的种种阴谋勾当,使他对于十月革命后的俄国以及在中国进行活动的共产国际代表也根本不信任。旧的

---

① 中国第二历史档案馆编:《中国国民党第一、二次全国代表大会会议史料》(上),江苏古籍出版社,1986 年,第 4 页。

成见与新的实际结合起来,使他对于孙中山的三大政策以及不久开始的大革命采取了批评的态度。他的这一态度,受到了反对国共合作的一批国民党右派代表人物的欢迎,因而很快便被他们包围,被他们拖去做反对大革命的炮手。

图 7-5　1924 年 6 月 16 日,孙中山出席黄埔军校成立典礼

国民党"一大"期间,国民党员张继、冯自由等以共产党领导人陈独秀、李大钊、谭平山等立心不轨,于国民党根本及国家前途将有不利为借口,请求孙中山设法取缔,希图挽救。国民党"一大"后,孙中山重视中国共产党的作用和革命精神,中国共产党也敬佩孙中山对事业的忠诚以及爱国情怀。在共产国际和中国共产党的帮助下,孙中山在广东一面努力建设一支新型的革命武装力量,于 1924 年 6 月 16 日在广州黄埔创办了中国国民党陆军军官学校,培养了大批军事人才,并依靠这支新型武装力量平定了广东境内陈炯明叛军,统一两广,继而挥师北上进行北伐;一面联合中国共产党的力量,开展工农运动,使反帝运动日益高涨,国民革命进入到一个新的历史时期。在国共合作期间,周恩来、郭沫若、叶剑英、李富春、邓中夏、蔡畅等共产党员在国民革命军中进行了卓有成效的政治工作,使北伐军所到之处,都能得到广大工人、农民和其他革命群众的支持。而这一切,则使原先就一直在国民党内部存在的分歧愈演愈烈。

孙中山早期曾努力争取日、英、法、美等国援助中国的革命和建设,但均无所获。他在斗争中认识到,要争取中国独立富强就必须努力推翻帝国主义。晚年,他同帝国主义进行了坚决的斗争。1924 年 10 月,奉系军阀的张作霖和直系将领冯玉祥联合推翻曹锟为总统的直系军阀政权。冯玉祥、段祺瑞、张作霖先后电邀孙中山北上"共商国是"。孙中山不顾个人安危,接受邀请毅然北上,提出废除不平等条约、召开国民会议作为解决时局的办法。11 月,孙中山离广州经上海北上后,很快病倒,反对国民党改组和孙中山联俄、联共、扶助农工三大政策的章太炎、田桐、冯自由、居正、周震麟、马君武、管鹏、但焘、焦子静、谢良牧、茅祖权、刘成禺等一批国民党右派由广东来到上海,聚集在上海南阳桥裕福里二号章太炎寓所开会讨论挽救之策,"咸主张非号召同盟旧人,重行集合团体,不足以匡济危局",并一致推举章太炎起草并领衔发表《护党救国公函》,叙述民党源流及失败原因。公函全文如下:

敬启者。吾国原始民党以同盟会为最先。当时羁栖学舍,手无斧柯。只此本驱除鞑虏、恢复中华、创立民国、平均地权十六字之誓言,发挥民族、民权、民生三大主义,以澄清中国,不惜驱命,前赴后继。虽建置职员,而实归平等。虽分布群策,而各无异同。虽片时纷争,而不蓄私憾。故能树之风声,为全国军民所信仰。其时同盟支别,又有共进、光复诸会,名虽小异,体实大同,众志成城,赫然振发。于是有辛亥光复之役,议者或以光复为易事。苟非忠信相孚,亦乌能应于万里乎。在会同人,志多恬退,大勋已就。而乘车戴笠者各不相猜。虽环堵萧然,亦无怨悔。追怀旧雨,实令人叹慕无穷。嗣后旗帜渐分,始有共和、国民二党,其时同盟余烈犹未全衰。癸丑金陵失败,民气日消,及袁氏覆亡,民党已四分五裂。幸各党皆有同盟旧友为之纲纪,间招时俊,颇亦得人。相与支持不坏,然政党相猜,易破道义。淳朴之气,日渐浇漓,甲是乙非,争端无已。自六年护法至今,虽西南孤峙,存此孑遗,而各省意志,常非一轨,甚乃抗兵相攻,自生仇衅,一时利用,旋即乖离。曩无尺寸之藉,而能取中夏于满洲之手。今有数省之力,而倒授军阀之主器之权,则知诚信日衰,转相携贰为之也。某等以国是不定,由民党涣散之故,所以犹有余烬者,则同盟会精神未尽磨灭,阴与维持,而受之者身不自觉。向使同盟尚在,凡民党在朝在野者,必不为尔寂寂。虽有桀黠之徒,亦不得递司神器矣。为是感念旧交,力遒来轸。冀以同盟旧人,重行集合团体,稍就次,乃旁求时彦溶于一冶,以竟往日未伸之志,而为将来匡济之谋。将伯频呼,反思不远。执事凤同大义,勤劳廿年,阅事既多,德慧日进,惟望赞成此志,加以匡扶,则死友得酬,存者知感,膏沐天下,为泽无穷矣。特书申意,不胜悃款之至。专此布达。敬颂①

公函呼吁同盟会旧人,秉持当年同盟会精神,重新集结力量,同改组后的国民党相抗,以改变被军阀左右的局面。1925 年 2 月 10 日,在致李根源信中,章太炎说:"此间自中山入都以后,同人即知其难久,有愿将辛亥同志重寻旧盟者,鄙意亦以为善。比闻中山危笃,恐将不起,幸而少延,亦难尽心国事。此后正赖同志好自为之。"②意图相当清楚,他们想乘孙中山病危之机,集合同盟会旧人,改变国民党的方向与政策,章太炎对此完全同意。

章太炎等人不满孙中山的联俄、联共政策,但对孙中山之后的国民党更不放心。为了应对时局,1925 年 2 月,章太炎与唐绍仪、张继、马君武、居正、白楚香、刘白等人正式设立辛亥同志俱乐部,以防止孙中山去世后国民党内的共产、国民两派同室操戈,影响中国大局。唐绍仪建议即命名为国民党,又有人主张用同盟会旧名,章太炎认为:"此次组合,既系集合南北革命同志,南方同志如光复会、共进会等,虽俱与同盟会直接间接有关;而北方如冯玉祥、张绍曾

---

① 《章太炎等之护党救国公函》,冯自由:《革命逸史》(初集),中华书局,1981 年,第 61—62 页。

② 章太炎:《与李根源》(四十三),上海人民出版社编:《章太炎全集》(十三)《书信集》(下),上海人民出版社,2018 年,第 908 页。

辈,则与同盟会可谓丝毫无关。故经众商定不如命名稍取混统,其先拟名辛亥革命同志俱乐部,后径将革命二字删去。"①部所设在章宅,开办费两千元,由刘白先行垫付,推已故海军总长程璧光之大公子为该部主任,担任布置与招待工作。②

为扩大队伍,章太炎除邀请李根源本人加入辛亥同志俱乐部外,还要求他联络和动员其他一批重量级人物加入。3月12日,孙中山在北京逝世后,国民党右派一批代表人物陆续汇聚上海,加紧改变国民党前进方向的活动,辛亥同志俱乐部成为他们的一个重要据点,而章太炎则成为辛亥同志俱乐部的政治代表人物。

三 攻击新三民主义遭通缉

1925年3月12日,孙中山在北京逝世。8月20日,国民党左派领袖廖仲恺在广州被刺身死。其后不久,蒋介石、汪精卫渐次控制了广州国民政府军政大权。汪精卫当年复刊《民报》时排斥章太炎留下的宿怨,蒋介石指挥暗杀陶成章结下的旧仇,加上他们两面三刀,在南方革命阵营中种种叫人们捉摸不定的表现,使章太炎对广东革命政府充满了不信任之情。

9月至10月,章太炎应湖南省省长赵恒惕邀请,到长沙主持湖南县长选拔考试,一路上备受欢迎和礼遇。22日路过汉口时,湖北督军萧耀南亲往旅馆探晤,并设筵为他洗尘,之后又备专车送章太炎赴长沙。火车过岳阳时,在1924年第二次直奉战争中败北而蛰居于此的吴佩孚,特派参议长葛豪将他迎到自己的军舰上做三小时密谈;到达长沙时,赵恒惕更亲率湖南省军政要人到长沙车站迎接,"军警鸣炮致敬,为欢迎外宾从来未有之盛"③。所有这些,无非是要使章太炎引他们为知己,供他们驱驰。章太炎果然不负所望。在主考

---

① 《辛亥同志俱乐部正式成立》,《申报》1925年3月8日。
② 《章太炎等组织辛亥同志俱乐部》,《申报》1925年2月28日第14版。
③ 《申报》1925年9月27日。

县长的试题中,除去《宰相必起于州部论》这类古色古香的题目外,还有着《拟严禁败坏政俗之书籍令》这样一些"其注重点,在防止过激文书之传播"①的"趋时"作品。从要求严禁"过激文书"的传播,到对吴佩孚提出"联省自治足以阻共产",表明章太炎在与吴佩孚、孙传芳逐渐走到一起时,已经公开举起了反共的旗帜。

章太炎返沪后,10 月 31 日在上海国民大学以校长身份发表演说《我们最后的责任》,公然提出要把研究"国学"与"反对共产党"联系起来,诬陷广东革命政府和中国共产党"借着俄人的势力,压迫我们中华民族",充当了军阀们反苏、反共的炮手。反共,很大一部分原因是出于对苏俄及其支持中国革命意图怀有深深的疑虑,当然也是因为对共产党并不了解,为国民党右翼和南北军阀反共舆论所包围的结果。

章太炎返沪之时,自称浙、闽、皖、赣、苏五省联军总司令的孙传芳起兵驱逐盘踞于苏、皖两省的奉系军阀势力已接近全功,11 月 19 日,奉军从徐州北撤,孙传芳成了东南五省的宰制者。章太炎和江、浙等五省旅沪士绅虞洽卿、褚辅成等人为表示对孙传芳的支持,发起组织五省士绅联席会议,准备推举孙传芳为五省总司令。章太炎还积极参与组织五省协会,"其目的似在辅助及监督五省总司令之行动,一面以五省人民之力,以建议五省兴革之事"②,承认孙传芳在东南五省的军事控制。1926 年 1 月 12 日,章太炎 59 岁寿辰,孙传芳特送"大餐券一百席、白兰地一箱"并寿诗、寿联等为贺③,章太炎成了孙传芳的座上宾。

在一大批地方军阀和国民党右派政客的簇拥下,章太炎到处反对所谓"赤化"。他公然宣称:"盖今日国内之问题,已不在此,而在注意如何打倒赤化。护法倒段,题目虽大,而以打倒赤化相较,则后者尤易引人注意。十余年来之

---

① 《湖南考试县长之初复试》,《申报》1925 年 10 月 5 日。
② 《五省协会成立有待》,《申报》1925 年 12 月 3 日。
③ 《章太炎昨日寿辰之热闹》,《申报》1926 年 1 月 14 日。

战争,尚系内部之争,今兹之事,则已搀入外力,偶一不慎,即足断送国家主权。"①其时,列强成为中国权势结构之一部,中国政治早已搀入外力,日本人对奉系的物质支持、苏俄(苏联)军事上的介入特别公开明显,而且苏俄(苏联)还要同时输入其革命理论,给许多时人带来更进一步的忧虑。

在认定共产主义是民国所面临的最大危机后,1926 年 4 月,章太炎与一些士绅在上海出面在上海组织了所谓"反赤救国大联合",任三理事之一。在致全国各报馆通电中宣称:"'赤祸'日炽,汉奸公行;以改革经济为虚名,而招致外患为事实,不亟剪除,国将不国。年来海内有识之士,思所以抵御之者,大不乏人;反赤之声,洋洋盈耳。足征人心未死,公道渐昌。吾国一线生机,端赖有此。"②所以以反对"赤化"、保障国权、实行民治为宗旨,以联合全国各界同志起来"共除国贼"。

4 月 14 日,"反赤救国大联合"举行第一次干事会,章太炎主持讨论宣言草案,攻击"自莫斯科第三国际产生以来,过激主义者,假共产革命之名,行对外侵略之策",宣称"居今之世,反对赤化,实为救国之要图","赤化之为害,非专就共产言也,共产主义之弊,为另一问题,赤俄以对内试验共产失败,改用新经济政策,而对外仍利用共产之名,借资号召,以遂其鲸吞蛇噬之图","过激主义者,欲以赤化亡中国,实开千古未有之创例,……是故反赤之举,非学理制度种种问题,而为国家民族危急存亡之利害关键也"。③ 4 月 28 日,章太炎再次主持干事会,通过《反赤救国大联合宣言》,交由各报馆发布。在此宣言中,章太炎攻击"过激派欲以赤化政策亡人国",叫嚷:"对于赤党,其据地称兵者,则由军人张其挞伐;其聚众骚动者,则由士工谋与抵抗。"④所谓"由军人张其挞伐"来对付"据地称兵者",具体化就是要"以北事付之奉、晋,而直军南下以保江上,开诚布公,解除宿衅,与南省诸军共同讨伐"蒋介石所统率的北伐军及冯

---

① 《章太炎与梁士诒之时局观》,《申报》1926 年 1 月 31 日。
② 《反赤救国大联合通电》,《申报》1926 年 4 月 11 日。
③ 《反赤大联合干事会记》,《申报》1926 年 4 月 16 日。
④ 《反赤救国大联合宣言与通电》,《申报》1926 年 5 月 2 日。

玉祥所统率的国民军①。陈独秀在《向导》周报第 146 期就此指出:"中国的组织,就是所谓反赤大同盟,这个大联盟的总机关在上海法租界铭德里一号,他的领袖,据我们所知道的,就是章太炎、尤烈、徐绍桢、魏邦平、冯自由、居正这班人,……他们的目标就是反对苏俄、中国共产党、南方的国民政府、北方的冯玉祥及国民党。"②

在实际政治运作中,章太炎所声讨的一个主要对象就是蒋介石。当时,蒋介石已经被国民政府特认为国民革命军总司令,开始出师北伐。7 月 12 日,北伐军占领长沙,准备进军武汉,进而消灭吴佩孚主力。面对这一形势,章太炎即于 8 月 13 日在上海发出了《讨蒋介石》通电,揭露道:

> 粤东自蒋中正得政,尊事赤俄,奉鲍罗廷为统监,而外以反对帝国主义为口实,致少年军士受其蛊惑。究观其实,惟有内摧粤军,外扰湘境,以为赤俄辟土。近闻其出师饷绌,又借解决工潮之名,向香港借款千万,且以九广、粤汉二路接轨为条件,则并其所假托之名义亦弃之。详其一生行事,倡义有功者,务于摧残至尽,凡口言国家主义者,谓之反革命。是其所谓革命者,非革他人之命,而革中华民国之命也。……且其天性阴鸷,反颜最速,非若孙中山之可以辞解,岑(春煊)、陆(荣廷)诸公之可以义结也。权利所在,虽蚁伏叩头以求解免,必不可得。幸而为彼容纳,则奴隶之下,更生阶级,地权兵柄,悉被把持。……蒋中正为赤俄之顺民,奉赤俄之政策,叛国反常,非有洪、杨正大之义,……然以其主义奇邪,亦足以坚树团体而成朝气,……巨慝不除,虽有金汤,危如朝露,猝被俘虏,要领即分,何地位之可冀、恩怨之可复哉。③

---

① 《章炳麟通电》,《申报》1926 年 8 月 15 日。
② 陈独秀:《反赤运动与中国民族运动》,《向导》周报第 146 期,第 1349 页。
③ 《章炳麟通电》,《申报》1926 年 8 月 15 日。

这封通电,对蒋介石的剖析可谓入骨三分,但其主旨却是反对国民革命军北伐消灭北洋军阀。出乎章太炎的预料,正是他所痛恶的蒋介石把"反赤"变成了血淋淋的现实。紧接着,章太炎所不齿的汪精卫也对蒋介石亦步亦趋,发动了反革命的大屠杀。而"反赤"的结果,就是使中国沉沦于黑暗之中。

"四·一二""清党"方才过了三个星期,蒋介石操纵下的上海纪念五四大会就假借民意,通过数项决议,除"肃清上海各学校之共产党分子""警告汪精卫""杀徐谦、邓演达""讨伐武汉伪政府""驱逐鲍罗廷"等项决议时,又特立一项为"请国民政府通缉章太炎、沈恩孚、张君劢、黄炎培、蒋维乔、刘海粟、张东荪等六十六人",章太炎名列榜首。① 6 月 16 日,国民党上海特别市党部临时执行委员会呈文中央执行委员会,要求"通学阀,以制止反动",名列"著名学阀"之首的依然是章太炎。② 国民党浙江省党部也闻风而动,饬令余杭县立即查抄章太炎家产,在余杭仓前镇查得章家财产油车及碾米厂两处变卖所得两千六百元及田地二十七亩,移交县党部接收办理。

最令章太炎痛心的是,蒋介石废除了民国建立以来一直使用的五色国旗,而以青天白日满地红旗为国旗,并且公然肆无忌惮地推行所谓"以党治国"。五色国旗是章太炎多次强调的民国象征,他认为是否维持这一旗帜决定着后起政权之统治正当性的延续与中断。而国民党虽沿用中华民国的国名,却有意以改旗来区别于原来的"民国",明确其为"新朝"。1927 年 11 月 27 日,章太炎在致李根源书中愤愤不平地写道:"拔五色国旗,立青天白日旗,即是背叛中华民国,此而可与,当时何必反抗袁氏帝制耶? 袁氏帝制,不过叛国,而暴敛害民,邪说乱俗,则尚袁氏所未有也,一夺一与,情所不安,宁作民国遗老耳。"③1928 年 5 月 27 日,他再一次提道:"今之拔去五色旗,宣言以党治国者,皆背叛民国之贼也。"按其罪行,"惟袁氏与之相等,而徐(世昌)、段(祺瑞)、曹

---

① 《二十余万人纪念五四》,《民国日报》1927 年 5 月 5 日。
② 《市党部呈请通缉学阀》,《申报》1927 年 6 月 17 日。
③ 章太炎:《与李根源》(六十五),上海人民出版社编:《章太炎全集》(十三)《书信集》(下),上海人民出版社,2018 年,第 923 页。

（锟）辈，皆视此为轻。"①

　　章太炎不胜懊丧与悲哀，他的一生是真正忠贞于一个国家的，这就是他参与缔造的中华民国。1928 年 6 月 3 日，黎元洪在天津病逝，消息传来，章太炎极为悲痛，他寄去一副挽联："继大明太祖而兴，玉步未更，佞寇岂能干正统；与五色国旗俱尽，鼎湖一去，谯周从此是元勋。中华民国遗民哀挽。"②挽联中囊括了冯国璋、段祺瑞、徐世昌、曹锟、蒋介石等新老军阀。因为黎元洪去世的这一天，正是张作霖放弃北京、退出关外的日子。所以，挽联中称黎元洪"与五色国旗俱尽"，而章太炎本人，也因此自称"中华民国遗民"，表示他心目中的"中华民国"至此已经灭亡，他绝不承认蒋介石的统治继续代表着"中华民国"。

　　对新政权的态度，章太炎基本是传统的，即不承认、不认同、不合作，但他内心一直不能平静，总有怨愤之感。1928 年国民党二届五中全会，决定"以党治国"，颁布了《训政纲领》，发布了《中国国民党训政大纲》，以孙中山遗教为训政时期中华民国的最高根本法。看到这一切，章太炎如鲠在喉，他于 11 月 21 日借招商局轮船公司代表招待新闻界的机会，发表演讲进行了抨击：

　　　　孙中山之三民主义，东抄西袭，初以推倒满清为民族主义；改专制政体为共和政体曰民权主义；以平均地权为民生主义。迨后乃欲以联合平等待我之民族，更倡以党治国，及挑起劳资斗争。故孙中山后来的三民主义，乃联外主义、党治主义、民不聊生主义。今日中国之民不堪命，蒋介石、冯玉祥尚非最大罪魁，祸首实属孙中山。他们现在说以党治国，也不是以党义治国，乃是以党员治国，攫夺国民政权，而对外仍以中华民国名义。此与袁世凯称号洪宪之后，仍以中华民国年号对外，意义相同。袁世凯个人要做皇帝，他们是一个党要做

---

① 章太炎：《与李根源》（七十二），上海人民出版社编：《章太炎全集》（十三）《书信集》（下），上海人民出版社，2018 年，第 927 页。
② 章太炎：《与李根源》（七十五），上海人民出版社编：《章太炎全集》（十三）《书信集》（下），上海人民出版社，2018 年，第 929 页。

皇帝。这就是叛国,叛国者国民应起而讨伐之。故吾谓革命尚未成功,国民尚须努力,应共奋起。①

事实上,章太炎所极力反对的是蒋介石的独裁和国民党的一党专制,以及孙中山的新三民主义。

国民党人在激怒中控诉他叛国,国民党上海市三区指导委员会第二天就举行常委会,议决呈请上海市党部转呈中央"通缉反动分子章炳麟"。呈文称:章太炎"不了解本党暂代国民执行政权,迨训政后政权还政人民之深意,而厚诬本党与袁逆类似,且公然鼓吹推翻国民政府,其居心灼然可知。……章逆既为智识阶级,复有历史上反革命之铁证,今复于宴会席上狂放厥词,显系危害政府,捣乱本党。应请钧会转呈中央党部,按照中央颁布之惩戒反革命条例办理,即日训令军警机关通缉,实为党便"②。上海市党部立即通过这一提案,要求国民党中央对章太炎通缉。国民党机关报《民国日报》则发表了《缉办章炳麟》的社论,称章太炎为"老而不死之文妖",以至今日还敢妖言惑众,要求对他大开杀戒。这次他没有入狱,显然是因为于右任等老朋友的疏通。

对于国事政局的主观绝望与放弃心态,正从此时开始。自此以后的几年,很少再能看到章太炎的演讲和通电。他在上海同孚路的寓所中,关起门来读书和打坐,陆续完成了《春秋左氏疑义答问》《太史公古文尚书说》《古文尚书拾遗》《新出三体石经考》等学术著作。

---

① 《三区党部呈请通缉章太炎》,《申报》1928 年 11 月 22 日。
② 《三区党部呈请通缉章太炎》,《申报》1928 年 11 月 22 日。

第 八 章
中山逝世　同志情谊

一　最后的见面

　　国家的统一和民族的独立,是孙中山一生的夙愿。1924 年 10 月 23 日,冯玉祥发动北京政变,推翻大总统曹锟,邀请孙中山北上,后与奉系妥协,请段祺瑞出山,任中华民国临时政府临时执政。段祺瑞主政后,便与冯玉祥、张作霖力邀孙中山尽快北上共商国是,以解决曹锟、吴佩孚政权倒台后的善后事宜。孙中山虽然明知北方政局混乱,许多国民党人也力劝孙中山不要北上,但他为了谋求中国的和平统一,解救民众的苦难,毅然决定冒险北上。他在《北上宣言》中重申了反对帝国主义和封建军阀的主张,并提出召开国民会议和废除不平等条约的口号。

图 8 - 1　孙中山在上海寓所招待新闻记者

　　1924 年 11 月 10 日,孙中山偕宋庆龄等人离开广州北上。11 月 17 日,孙中山和宋庆龄抵上海,各界纷纷到船欢迎。码头欢迎者约万余人。船靠岸时,由叶楚伧指挥欢迎群众全体高呼:"孙总理万岁!""中华民族解放万岁!"孙中山上岸后,向大家微笑致意,表示感谢,后乘车到莫利爱路 29 号寓所。11 月19 日,孙中山在寓所举行茶话会,招待上海新闻记者三十余人,演讲说:"历一时有半,宣布时局主张,说明此次北上目的,主张'和平统一,召开国民会议'。略谓:'中国当今祸乱之根本,乃在军阀与援助军阀之帝国主义者。余此次北上,有二目的:一为召集国民会议,此对待军阀者也;一为废除不平等条约,此对待帝国主义者也。打破此二者,中国始能和平统一,始能长治久安。'"①

在上海停留四天期间,章太炎闻讯"入谒为别"②,这是孙章两人最后一次见面。这次会面,他们交谈了北上问题,章太炎劝孙中山不要北上,不要与段祺瑞、张作霖合作,实行善后会议。当时报纸曾记载孙、章相见之事,略谓:"辛亥之役,革命军起义武昌,清社以屋,论功则章太炎与孙中山为独伟。章氏注力于灌输思想,孙氏则躬于军事,两人甚相得。惟自广州总裁制失败后,意见遂时有出入,而不改净友之态。两粤自陈炯明分离,久困战役,去岁复以商团事件,酿成巷战之惨。章氏迭致函于孙,长累数千言,申述利害。此次孙氏北上晤段,道出海上,寓莫利爱路私宅,章曾挈友往访,力阻其行。孙不允,辩论颇久,不欢而散。"③

交谈之中,章太炎获悉孙中山身体欠佳,殷殷嘱先生珍重。情真意切,溢于言表。孙中山抵达天津后,病势沉疴,到北京后竟病不能起。章太炎闻讯,

---

① 罗家伦主编:《国父年谱》(增订本)(下),中国国民党中央委员会党史史料编纂委员会,1969 年,第 257—258 页。

② 但植之:《章先生别传》,上海人民出版社编:《章太炎全集》(二十)《附录》,上海人民出版社,2018 年,第 81 页。

③ 《名人小纪》,《申报》1925 年 2 月 19 日。

焦急万分,特亲疏医方,嘱但焘①专送北京,希望以一己之力挽救孙中山的生命。章太炎对于中医是深有研究的,一生中写过不少医论专著,也当过好几个医学院院长,但此时孙中山的病情已非药石可医。

经过二十多年共同奋斗,孙中山和章太炎都已垂老。这次相见,彼此感怀无限,虽曾想竟成了他们最后的诀别。

二 斯人已去痛哀悼

1925年3月12日,孙中山在北京病逝,享年59岁。当天,北京孙公行辕秘书处致电在上海的章太炎、唐绍仪、张静江等人告知孙中山逝世的消息。文电全文为:

> 大元帅前大总统孙中山先生,客冬由粤北上,提倡开国民会议及废除不平等条约,以谋民族之独立与民权之确定,自抵津京,肝疾日剧,医疗无效,于3月12日上午九时三十分,在北京铁狮子胡同行辕逝世。哀此奉闻。
>
> 孙公行辕秘书处叩 侵②

当孙中山逝世的噩耗传来,章太炎悲恸不已。3月12日下午,在上海的国民党要员张静江、叶楚伧、周佩箴等人议决,在孙中山私宅设立灵位,供各界人士吊奠,规定:3月13日至20日,各界自由吊奠,23日党员公祭,24、25两

---

① 但焘(1886—1965),字懋辛,四川荣县人。早年赴日学军事,1905年加入中国同盟会。1906年与熊克武等在上海创办中国公学作为同盟会联络站。参加了黄花岗起义,后回川任蜀军政府接待处长、川南总司令、讨袁军参谋长,1924年到广东向孙中山报告滇黔川三省联合组成建国联军抗击北军,得到孙中山嘉许。1929年脱离军界。中华人民共和国成立后,任西南军政委员会委员、四川省政协副主席等职。1965年病逝于成都。

② 《致黎元洪等电》,天津《大公报》1925年3月13日。

日正式开吊。

3月13日早晨，上海国民党党部在法租界莫利爱路29号孙中山住宅设奠，客厅中央悬挂孙中山遗像，旁边放置花圈、花篮多个。来宾往吊者先签名，每人发给黑纱一方，均至遗像前行三鞠躬礼，并由国民党上海执行部派人担任招待。各团体如女权运动同盟会、对日市民大会等，均派代表到会。

当天上午8时余，章太炎、唐绍仪等人前往致吊。之后，章太炎、唐绍仪与李征五、杨天骥、叶楚伧等十余人商议关于孙中山治丧事宜，章太炎说："中山功在民国，为中外第一完人，关于治丧崇敬之礼，应本全国人民公意，以示普遍，将来国葬之礼，亦从人民主张。"①唐绍仪接着说："段执政拟以明令国葬孙氏，此举尚应斟酌，因孙氏受国葬典礼，固属受之无愧，惟国葬须经国会之通过，方为正常办法，况现今之执政府，尚未得各方面一致之承认，似不能颁此隆典，故鄙意拟俟正式政府成立后，举行国葬，如是方能对中山。"②随后，众人决议四项如下：

一、孙中山先生国葬用人民名义主张，以示尊崇；

二、上海先下半旗，以后再另与全国同时举行；

三、上海孙中山先生治丧事务所暂设法租界环龙路44号党本部；

四、致北京执行委员会电及治丧公函，由唐少川、章太炎领衔，追悼日期俟北京定后同日举行。③

针对段祺瑞执政府议决为孙中山举行国葬令，章太炎、唐绍仪联名致电孙科转国民党中央执行委员会，主张暂缓国葬，谓：

①　《孙中山逝世后之哀悼声》，《时报》1925年3月14日。
②　《孙中山逝世后之哀悼声》，《时报》1925年3月14日。
③　《孙中山逝世后之哀悼声》，《时报》1925年3月14日。

> 得知孙公逝世,论功本应国葬。惟现在未有正式政府,正式国会,此事无法可循,应由家属及人民以礼行葬。待正式政府成立,追予国葬,始受命令,毋使孙公身后贻非法之羞。①

会上,成立了上海孙中山先生治丧事务所。3月15日,上海孙中山先生治丧事务所发出通函,"正式请唐少川、章太炎担任追悼会筹备处干事员,指示一切",这样,章太炎与唐绍仪共同负责上海治丧活动。

3月14日,上海孙中山先生治丧事务所对莫利爱路29号孙宅灵前进行了布置,灵前扎佩素花白球,屋后园中建塔阴棚,以供来吊团体休息。9时起,由男女招待员分班招待。往吊者均先扎黑纱,后至像前行三鞠躬礼。党员于鞠躬后,由招待员宣读中山遗嘱。来宾都很悲痛,有痛哭者。当天下午5时,中国国民党上海总党部在环龙路44号开会讨论筹备孙中山追悼事宜,章太炎、唐绍仪、李征五、叶楚伧、邵力子等二十余人参加,议决:筹备处拟借山东会馆,公推杨千里、但植之、徐朗西、叶楚伧、邵力子等十余人为文牍,袁履登、王一亭等为交际。地点拟借公共体育场。经费由筹备员六十人自认,不足再设法募集。②

图 8-2　上海追悼会

①　《孙文国葬尚未决定》,《晨报》1925年3月15日第2版。
②　《唐少川等之会议》,《申报》1925年3月15日。

4月12日,上海全市市民在西门公共体育场召开孙中山先生追悼大会,两侧大门均扎白布牌楼,有四百余个团体到会,人数约十万人。上午10时半起公祭,11时游行。章太炎曾送一副挽联:"孙公使天下三分,当魏德萌芽,江表岂曾忘袭许?南国本吾家旧物,怨灵修浩荡,武关无故入盟秦。"①前联指1922年至1923年间孙中山曾一度与直系军阀头目曹锟周旋,试谈"孙曹合作",以图使曹锟、吴佩孚分离,这里面有策略运用,也有不切实际的幻想。事实上孙中山即使在不得已的情况下,与曹锟、吴佩孚合作,也没有忘记考虑采

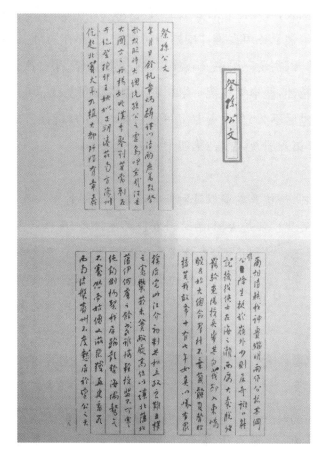

图8-3　章太炎撰写的《祭孙公文》手稿局部

① 章太炎:《再挽孙中山联》(1925年4月12日),上海人民出版社编:《章太炎全集·太炎文录补编》(下),上海人民出版社,2017年,第682页。

取北伐手段来解决曹、吴。这里固然对孙中山有指责，“岂曾”二字又表明章太炎对此前过分责孙抱有歉意。后联则指章太炎反对1924年11月孙中山北上与段祺瑞等谋求和平统一中国，其中“怨灵修浩荡”一语出自《离骚》，楚怀王不听屈原劝阻，“入武关，秦兵绝其后，因留怀王”，怀王“竟死于秦而归葬”，这里把孙中山比作楚怀王，不听他的劝告，没有好结果。这二者虽表明章太炎对孙中山有误解，但绝不算毁谤。治丧委员会以其联不妥，未予悬挂。

4月13日，上海国民党全体党员举行追悼大会，到会者六千余人。何香凝、杨杏佛、恽代英、叶楚伧先后在会上演讲，阐述孙中山的奋斗事迹。全体党员还在叶楚伧带领下齐声宣誓：“中国国民党党员，谨在总理灵前誓遵守总理遗嘱，继续奋斗，以实现三民主义、建国大纲、建国方略、第一次代表大会宣言，并愿本纪律的精神，使本党在统一组织之下益得强固发展。”①

孙中山逝世后不久，章太炎专门写了一篇感人的《祭孙公文》，发表在《华国月刊》第二期第六册及《制言》第四十一期，全文为：

年月日，余杭章某谨以清酌庶羞致祭于故临时大总统孙公之灵：

乌呼哀哉！汪是大国，古之丹杨。始兆汉季，鉴鄂莫当。刘石干纪，登琅玡王。姚姒正朔，凑兹南方。濠州仡起，北宾犬羊。乃植大都，阡陌有章。蠢尔胡清，轶我神畺。继明两作，公振其纲。惟公降生，挺于岭外。少则屈奇，辩口能说。扰役侠士，在海之濑。西厉大秦，脱彼羁绁。惠阳授兵，举其自茷。却入东峤，骁名始大。总翕群材，不弃葱韰。夏声昭播，莫我敢峰。十有七年，女真以喙。有众徯后，宅此江介。初制共和，立政良难。五权之宪，郁菸未粪。敝屣高位，以让北藩。北藩伊何？虏之余戋。虽悔轻授，盟不可寒。纯钩倒柄，裂我屏翰。龙蛰海隅，骜气不骞。僭帝始僵，又滋狼貜。再建番禺，西南结槃。齐州不度，憖屏于蛮。公之天性，伉直自圣。受谏则

① 孙中山先生葬事筹备处编：《哀思录》第三编卷四《海内各地追悼纪事》，第14页。

难,而恶方命。有勇如螭,以鼓群劲。挥斥币余,视重若轻。屡钮复完,亦不凝定。粤府再踣,未匡其政。铤会北平,以身入窌。肝鬲醮矣,天禄为罄。乌乎哀哉!繄昔明祖,始登鸡鸣。乃醴沛公,荐号伯兄。惟公建国,继步皇明。大殓寝宫,眹告武成。急难在原,千年同情。遗言首邱,洪武之京。惟其得一,故为天下贞。乌呼哀哉!天生我公,为世铃铎。调乐专一,吐辞为馥。百夫雷同,胪句传诺。余岂异邮,好是谔谔。兰之同臭,石之攻屑。沮公北盟,终亦弗获。如何南枢,委命穷朔。沮公北盟,终亦不获。阳冰稷雪,公之往讬。杨柳方黄,公之咀落。刳肠止腐,宁战败而膊?夜光为棺,宁暴尸于郭?欲招其魂,天地寥廓。吊以生刍,忠信犹薄。厥公之功,庶其合莫。乌乎哀哉!尚飨。[1]

该祭文历数孙中山一生反对清朝、创建共和及对革命的伟大功绩,最后一段专门叙述他同孙中山的关系,虽然在联俄问题上有分歧,但这属于同志间的分歧,他们是饱含着深厚的战友感情的,同时对他多次同孙中山交恶的情况一并作了反省。

三　所以纪念中山

作为中华民国的开创者,孙中山在现代中国历史上无疑具有特殊的历史地位。孙中山逝世后,各方的评论对此多有肯定和称誉,对他做出了很高的评价。章太炎作为与孙中山几十年革命情谊的故人,尽管存在诸多政见分歧,但对于孙中山的革命功绩依旧给予了积极的肯定。1925年3月下旬,章太炎发表《论孙中山的历史功绩》,深切缅怀孙中山的丰功伟绩。他指出:

---

① 汤志钧编:《章太炎年谱长编》(下),中华书局,1979年,第804页。

> 三民主义为先生所首创。惟民族主义因有凭借,故先生能集其大成以达目的;至民权二字,照国内现状观之,尚能求完全做到;至民生二字,一切实施,则更为幼稚。总之,先生做事,抱定奋斗精神,坚苦卓绝,确为吾党健者。深愿大家竟先生未竟之功,努力救国,则追悼先生始有价值也。①

这篇讲话充分肯定了三民主义集孙中山思想之大成,其中对民族主义和民权主义给予了高度评价,对民生主义则认为不可能实现。在讲话中,他更认为孙中山的奋斗精神是国民党的杰出代表,勉励国民党人要继承孙中山遗愿遗志,努力救国。

3月23日,章太炎在出席上海江苏省立第二师范附属小学举行的孙中山追悼会上,以旧交的身份发表了长篇演说,他详细介绍了孙中山的革命事迹,充分肯定了其创立的三民主义、五权宪法等革命主张,进而敬佩其倔强的人格和清廉为民的品格,希望后来人继续努力奋斗实现孙中山主张的民权和民生主义。他说:

> 幸其所创之三民主义、五权宪法,与中国国情颇多符合。三民主义,即民族、民权、民生,推翻满清,即民族主义之成功。民国成立,屡经变故,如袁世凯、如张勋等行动,卒被推翻;盖民主之精神,已深入人心。余敢言:以后中国,必不致再有帝制之举动;如有之,亦必蹈袁氏之覆辙也。
>
> 中山先生之勤劳,即在完成其民族主义;民权、民生,尚有待焉。民生主义,接近社会主义。吾人对于民生主义,固表赞同;即中山所标之政策,亦无可反对。惟实行之手段与步骤,则有讨论之余地也。

---

① 章太炎:《论孙中山的历史功绩》,上海人民出版社编:《章太炎全集·太炎文录补编》(下),上海人民出版社,2017年,第679页。

中山先生所主张之五权宪法,为立法、司法、行政、弹劾、考试五大纲。前三者,为各国政治之成例;后二者,乃先生之创造。……故五权宪法,甚为合宜。

以上皆言中山先生之功劳,今进而讨论中山之人格。中山一生之得力处,皆"倔强",立定主意,不容稍变,四十年来,中山之用人、行政,均有倔强色彩,即彼所主张之知难行易之学说,亦以此为起点。……至于中山先生之不自私,为民众奋斗,尤为罕见!

中山先生奋斗四十年,民族主义虽告成功,民权、民生,尚待后起者之奋斗也。①

对于孙中山逝世后的政局,多家报纸刊载各政界人士的相关言论。据1925 年 3 月 12 日东方社电讯称,章太炎认为:"孙中山既已离开广东,则于其死,广东时局当无何等影响。广东将为林虎、许崇智、云南、广西四派之角逐场。国民党将来,当由汪兆铭、吴稚晖等联络共产党一派组织之。要之,党内趣旨已归一致,仅实行方法有种种差异而已。后继者当由数人出而采合议制。至中国之统一,绝对为不可能,何时分之为二,殊不可知。"②章太炎的看法有一定道理。的确,在孙中山逝世后,国民党内无人具备孙中山那样的权威,没有一个人能够统驭全党,只能而且必须转向一种新的权力运作方式,于是委员制开始真正实行。1925 年 7 月广东革命政府改组为国民政府,即采用委员合议制而非主席制,国民政府由若干名委员组成,遇事由各委员合议,而非主席一人定夺。在众委员中,汪精卫以激进的"左派"著称,俨然成为国民党的政治领袖。但是,随着党内权力的角逐和北伐军事上的胜利,蒋介石成为新的核心人物,并于 1928 年实现了中国名义上的统一。

---

① 章太炎:《在上海江苏省立第二师范附属小学孙中山追悼会上之演说》(1925 年 3 月 23 日),上海人民出版社编:《章太炎全集》(十四)《演讲集》(上),上海人民出版社,2018 年,第 399—400 页。

② 《唐绍仪、章炳麟之新局面谈》,《京报》1925 年 3 月 14 日。

孙中山逝世后，社会各界纷纷提出倡议，想通过纪念物的途径来使孙中山的形象永垂不朽。当时天津《大公报》报道：“自孙中山先生逝世后，全国各界无不深致哀忱，筹备开会追悼者日不绝书。……一般热心人士，以为中山先生之主张与精神，宜有永久之纪念，拟发起一全国国民纪念孙中山先生大会，主张进行下列数项：(一) 于京宁粤汉各地铸建铜像；(二) 于各省区重要地点建立纪念碑；(三) 择相当地点开辟中山公园；(四) 于京沪等处建立中山图书馆；(五) 编辑中山先生丛书；(六) 发行纪念刊；(七) 举行年祭。”①这些观点，深得国民党要人的认同，1925 年 6 月 17 日国民党中央执行委员会通过并公布了《孙中山先生永久纪念会组织大纲》，包括墓地及各地纪念物、纪念图书馆、中山学院的建设，以及孙中山传志的撰述。为此，国民党人着手修建中山陵和进行永久纪念事宜。

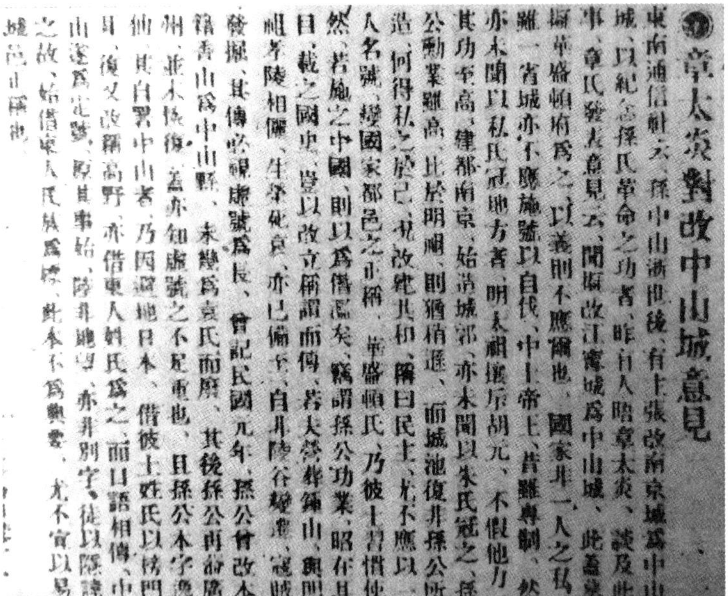
章太炎對改中山城意見

東南通信社云、孫中山逝世後、有人主張改南京城爲中山城、以紀念孫氏革命之功者、昨有人晤章太炎、談及此事、章氏發表意見云、聞將改江甯城爲中山城、此蓋擬華盛頓府爲之、以義則不應爾也、國家非一人之私、雖一省城亦不應施號以自伐、中土帝王、雖專制、然亦未聞以私氏冠地方者、明太祖擯斥胡元、不假他力、其功至高、建都南京、始造城郭、亦未聞以朱氏冠之、孫公勳業雖高、比於明祖、則猶稍遜、而城池復非孫公所造、何得私之於己、況改紀其初、稱曰民主、尤不應以一人名號、擾國家都邑之正稱、華盛頓氏、乃彼土習慣使然、若施之中國、則以爲僭濫矣、竊謂孫公功業、昭在耳目、載之國史、豈以改立稱謂而傳、若夫營葬鍾山、與明祖孝陵相儷、生榮死哀、亦已備至、自非陵谷變遷、寇賊發掘、其傳必視廟號爲長、曾記民國元年、孫公曾改本籍香山爲中山縣、未幾爲袁氏而廢、其後孫公再治廣州、並未恢復、蓋亦知廟號之不足重也、且孫公本字逸仙、其自署中山者、乃因避地日本、借彼土姓氏以榜門目、復又改稱高野、亦借東人姓氏爲之、而口語相傳、中山遂爲定號、原其事始、既非雅號、亦非別字、徒以隱諱之故、始借東人氏族爲標、此本不爲典要、尤不宜以易城邑正稱也、

图 8-4 《申报》刊登的《章太炎对改中山城意见》

① 《将有全国国民纪念孙中山先生大会出现》，天津《大公报》1925 年 3 月 21 日第 1 张第 5 版。

当时孙中山的陵墓如何修建,修成何等的规模,如何表达尊崇和纪念的心意,其主张却各不相同。1925年3月,江苏公团联合会、改造江苏同志会等六十四个团体代表严伯威、倪端、周梦怯、蒋逸民等人士呼吁将南京城改名为中山城,并为孙中山修建一个巨大的纪念公园,①以彰显孙中山的功德,激励后世,与欧美并驾齐驱,以增国光。这个提议的理由是:"金陵为民国临时政府之首都,关于先生之功绩尤切,以其人名其地,则其易感动人之耳目,悉趋于三民主义旗帜之下,继续奋斗,以竟先生之志者。"②对于这个提议,当时记者询问章太炎的意见,章太炎引经据典提出自己的看法,他指出:

闻拟改江宁城为中山城,此盖摹拟华盛顿府为之,以义则不应尔也。国家非一人之私,虽一省城亦不应施号以自伐。中土帝王,昔虽专制,然亦未闻以私氏冠地方者。明太祖攘斥胡元,不假他力,其功至高,建都南京,始造城郭,亦未闻以朱氏冠之。孙公勋业虽高,比于明祖,则犹稍逊,而城池复非孙公所造,何得私之于己。况改建共和,称曰民主,尤不应以一人名号,变国家都邑之正称。华盛顿氏,乃彼土习惯使然,若施之中国,则以为僭滥矣。窃谓孙公功业,昭在耳目,载之国史,岂以改立称谓而传。若夫营葬钟山,与明祖孝陵相俪,生荣死哀,亦已备至,自非陵谷变迁,寇贼发掘,其传必视虚号为长。曾记民国元年,孙公曾改本籍香山县为中山县,未几为袁氏而废,其后孙公再莅广州,并未恢复,盖亦知虚号之不足重也。且孙公本字逸仙,其自署中山者,乃因避地日本,借彼土姓氏以榜门耳。复又改称高野,亦借东人姓氏为之,而口语相传,中山遂为定号。原其事始,陆非地望,亦非别字,徒以隐讳之故,始借东人氏族为标,此本不为典要,尤不宜以易城邑正称也。③

---

① 《章炳麟反对中山城》,《晨报》1925年3月29日第2版。
② 《申报》1925年3月16日。
③ 《章太炎对改中山城意见》,《申报》1925年3月25日第13版。

章太炎的这篇文章表达了反对意见,其原因有三:一是国家不是私有财产。古代帝王没有以自己名字命名一座城市。明太祖朱元璋推翻元朝,建都南京,建造城郭,其勋业功劳要高于孙中山,也没有以自己的名字冠名南京。二是孙中山生前意识到名号并不重要。章太炎认为,孙中山埋葬在南京紫金山,与明孝陵相邻,已经享受尊荣。孙中山在民元曾经将自己的故乡香山县改为中山县,后来被袁世凯废除,孙中山后来并未加以恢复,说明他意识到名号并不重要。三是"中山"是日本人的姓氏。孙中山本号逸仙,"中山"是他避居日本时借用的日本人名字,后来人们口头传开就成了他的固定名号,所以,将江宁城更名为中山城不合适。他的反对,使闹得沸沸扬扬的江宁城更名中山城的风波戛然而止。

但斯人已逝,留给章太炎更多的回忆却是孙中山对于革命的功绩和奉献的品格。孙中山逝世一年后的 1926 年,章太炎撰写了一篇《民国五更赞》,以孙中山、袁世凯、黎元洪、黄兴、蔡锷为"五豪"。其第一首便是《孙文赞》:"香山先觉,激扬民主。狎交宗帅,不更戎旅。私智自矜,赖兹匡辅。迫窜良将,夷其肢股。屡跌复振,逢天之祐。"[①]赞是为先人或故人所作,属于祷祝之辞。因此,这首赞从大体上肯定了孙中山的功勋。

1929 年,孙中山奉安南京中山陵时,因种种原因,中山陵碑亭没有书写任何墓志铭。章太炎曾表示:"论与中山先生交谊之密,互知之深,其墓志铭唯我能胜,亦只有我有资格写,我欲为中山先生作墓志。"当时很多人也认为以孙中山之尊,墓志铭唯有章太炎大手笔始克胜任,但因章太炎平日对蒋介石所作所为时有指斥,为蒋所不满,故蒋不愿请他撰写中山陵墓志铭,"碑亭虽建,独缺墓志铭",章太炎生前常以未能为孙中山撰写墓志铭,引为一生憾事。[②] 由此可见,章太炎对孙中山的感情之深。

---

① 章太炎:《民国五更赞》,上海人民出版社编:《章太炎全集》(九)《太炎文录续编》,上海人民出版社,2018 年,第 411 页。

② 《中华两英杰——孙中山与章太炎》,章念驰:《我的祖父章太炎》,上海人民出版社,2011 年,第 215 页。

虽然章太炎未参加奉安大典，但之后曾写过一副挽联："洪以甲子灭，公以乙丑殂，六十年间成败异；生袭中山称，死傍孝陵葬，一匡天下古今同。"[①]该联总结了从太平天国到辛亥革命、从洪秀全到孙中山这六十年前赴后继的革命，把孙中山视为洪秀全的继承者，但较洪秀全更为伟大。以孙中山傍明太祖朱元璋孝陵而葬，"一匡天下古今同"，视为民国共和的缔造者，称其功绩是承前启后和永垂史册的。

当时，还有小报登载一联："举国尽苏俄，赤化不如陈独秀；满朝皆义子，碧云应继魏忠贤"[②]，收录在钱基博《中国现代文学史》中。孙、章都是辛亥旧人，章怎会仇孙如此之深？章太炎是著名国学大师，怎会自比阉党。章太炎予以否认，还对当时报纸伪造挽联发表声明，说明挽联确有伪造，这在1933年章太炎《致报馆书》手迹和《挽孙中山》中可以得到证明。《致报馆书》原文为：

> 径启者：鄙人平时交游虽广，然凡素未相识与相识而死不赴告者，皆不以挽联致吊。年中或有假借鄙人名义，伪作挽联，登之报纸者，如前数年宋子文之母死、谭延闿死，今岁杨铨死，鄙人皆未致挽联，而外间悉有伪造流传人口，淆惑听闻。又讽议时事之作，鄙人虽时亦有之，然大率多在诗章，辞必雅正，而外间伪作，多猥亵不经之语，尤为荒谬。甚望此后大小报纸，如欲录鄙人挽联、诗句者，必须以墨迹摄影，使真伪可辨。否则诪张为幻，变乱是非，甚非大雅君子所宜出也。此致□□报馆主笔先生鉴。章炳麟白。八月三十日。[③]

据此，我们知道章太炎在孙中山逝世后写过两副挽联，一为逝世时，一为

---

①　章太炎：《挽孙中山联》(1925年4月12日)，上海人民出版社编：《章太炎全集·太炎文录补编》(下)，上海人民出版社，2017年，第681页。

②　《章太炎全集·太炎文录补编》(下)，上海人民出版社，2017年，第816页。

③　章太炎：《与报馆主笔》，上海人民出版社编：《章太炎全集》(十三)《书信集》(下)，上海人民出版社，2018年，第1210页。

奉安后。至于"满朝皆义子"一联，则为当时小报伪造，后人不察，以讹传讹。同时，这副伪联流传也久，且为《章太炎全集》和《中国现代文学史》所征引，自易淆惑。

章太炎是非常重感情的。据他的学生许寿裳回忆："他于当代人物，除孙公外，惟于黄陂有知遇之感，所以替黄陂做文章，认为是应尽的义务。"①孙公指孙中山，黄陂指黎元洪，他们是章太炎最为敬重的人。

纵观孙中山与章太炎二十余年的革命交往，他们为推翻帝制、创建共和而不懈奋斗，虽涉险履危，但仍同谋匡济，不屈不挠。他们襟怀坦荡，竭诚相待，纵有不同意见，而于革命大义和民族大义，始终并肩战斗。他们坚持自己的理想信念，决不肯随便折节屈就，是真正相知的诤友，是坦荡荡的君子之交。他们之间的革命交谊将成为中国近代史上最美好的篇章，一直传至后世，为人敬仰。

---

① 《章先生逸事》，许寿裳：《章炳麟传》，中国言实出版社，2015年，第162页。

主要参考文献

一、档案资料

1. 广东省社会科学院历史研究所等编:《孙中山全集》(全十一卷),中华书局,1981—1986 年。

2. 桑兵主编:《孙中山史事编年》(全十二卷),中华书局,2016 年。

3. 王耿雄等编:《孙中山集外集》,上海人民出版社,1990 年。

4. 王耿雄等编:《孙中山集外集补编》,上海人民出版社,1994 年。

5. 黄彦编:《孙文选集》,广东人民出版社,1981 年。

6. 陈锡祺主编:《孙中山年谱长编》(全两册),中华书局,1991 年。

7. 中国国民党中央委员会党史委员会编订:《国父全集》(全六册),台湾"中央"文物供应社,1973 年。

8. 罗家伦主编:《国父年谱》(增订本)(全两册),中国国民党中央委员会党史史料编纂委员会,1969 年。

9. 胡汉民编:《总理全集》,上海民智书局,1930 年。

10. 黄季陆主编:《总理全集》,近芬书屋,1944 年。

11. 奉安专刊编纂委员会编:《总理奉安实录》(简装本),1929 年。

12. 孙中山先生葬事筹备处编:《哀思录》(全三册),1925 年。

13. 上海人民出版社编:《章太炎全集》(全二十册),上海人民出版社,2018 年。

14. 上海人民出版社编:《章太炎全集·书信集》(上),上海人民出版社,2017 年。

15. 上海人民出版社编:《章太炎全集·太炎文录补编》(上、下),上海人民出版社,2017 年。

16. 汤志钧编:《章太炎政论选集》(全两册),中华书局,1977年。

17. 谢樱宁:《章太炎年谱摭遗》,中国社会科学出版社,1987年。

18. 中国人民政治协商会议广东省委员会文史资料研究委员会编:《广东文史资料——孙中山与辛亥革命史料专辑》,广东人民出版社,1981年。

19. 广东省档案馆编译:《孙中山与广东——广东省档案馆库藏海关档案选译》,广东人民出版社,1996年。

20. 汤志钧编:《章太炎年谱长编》(全两册),中华书局,1979年。

21. 汤志钧编:《章太炎年谱长编》(增订本)(全两册),中华书局,2013年。

22. 章念驰编订:《章太炎演讲集》,上海人民出版社,2011年。

23. 中国史学会主编:《中国近代史资料丛刊·辛亥革命》(第一、七册),上海人民出版社,1957年。

24. 中国人民政治协商会议全国委员会文史资料研究委员会编:《辛亥革命回忆录》(第一集),文史资料出版社,1961年。

25. 全国政协文史和学习委员会编:《文史资料选辑》(第二十四辑),中国文史出版社,1992年。

26. 上海社会科学院历史研究所编:《辛亥革命在上海史料选辑》,上海人民出版社,1981年。

27. 中国人民政治协商会议上海市委员会文史资料工作委员会编:《辛亥革命七十周年文史资料纪念专辑》,上海人民出版社,1981年。

28. 中国第二历史档案馆、云南省档案馆合编:《中华民国史档案资料丛刊——护法运动》,档案出版社,1993年。

二、著作、论文

1. 曹聚仁编:《国学概论》,上海泰东图书局,1922年。

2. 高尔柏、高尔松:《孙中山先生与中国》,上海民智书局,1925年。

3. 罗香林:《国父家世源流考》,商务印书馆,1947年。

4. 邹鲁:《中国国民党史稿》,商务印书馆,1947年。

5. 宋庆龄：《为新中国奋斗》，人民出版社 1952 年版。

6. 冯自由：《革命逸史》（全六册），中华书局，1981 年。

7. 冯自由：《革命逸史》（全三册），新星出版社，2009 年。

8. 冯自由：《中华民国开国前革命史》，广西师范大学出版社，2011 年。

9. 冯自由：《华侨革命开国史》，商务印书馆，1947 年。

10. 张玉法：《中华民国史稿》（修订版），联经出版事业公司，2001 年。

11. 张磊、张苹：《孙中山传》，人民出版社，2011 年。

12. ［美］韦慕庭著，杨慎之译：《孙中山——壮志未酬的爱国者》，新星出版社，2006 年。

13. ［美］史扶邻著，丘权政、符致兴译：《孙中山与中国革命》，山西人民出版社，2010 年。

14. 姜义华：《章炳麟评传》（全两册），南京大学出版社，2011 年。

15. 姜义华：《章太炎评传》，百花洲文艺出版社，2015 年。

16. 许寿裳：《章炳麟传》，中国言实出版社，2015 年。

17. 章念驰编：《章太炎生平与学术》，上海人民出版社，2016 年。

18. 章念驰：《我的祖父章太炎》，上海人民出版社，2011 年。

19. 金宏达：《章太炎传》，上海人民出版社，2014 年。

20. 马勇：《章太炎、邹容》，团结出版社，2011 年。

21. 王奇生：《国共合作与国民革命（1924—1927）》（中国近代通史第七卷），江苏人民出版社，2009 年。

22. 李玉贞主编：《马林与第一次国共合作》，光明日报出版社，1989 年。

23. 汤志钧：《章太炎和孙中山》，《社会科学战线》，1978 年第 3 期。

24. 李泽厚：《章太炎剖析》，《历史研究》，1978 年第 3 期。

25. 朱维铮：《〈民报〉时期章太炎的政治思想》，《复旦学报》（社会科学版），1979 年第 5 期。

26. 冯祖贻：《略论章太炎与西南军阀》，《贵州社会科学》，1985 年第 9 期。

27. 马宣伟：《孙中山与川、滇、黔军之战》，《贵州社会科学》，1987 年第

2 期。

28. 杨天石:《蒋介石为何刺杀陶成章》,《近代史研究》,1987 年第 4 期。

29. 邱捷:《章太炎挽孙中山联与所谓"孙曹合作""孙吴合作"》,《中山大学学报论丛》,1988 年第 1 期。

30. 凌波:《章太炎〈祭孙公文〉及跋文考》,《东南文化》,1991 年第 1 期。

31. 朱仁显:《章太炎、孙中山国家政权建设思想的歧异》,《厦门大学学报》(哲学社会科学版),1992 年第 2 期。

32. 宾长初:《章太炎与孙中山为何由合作走向分裂》,《河北学刊》,1995 年第 2 期。

33. 李细珠:《"革命军起,革命党消"新解》,《中山大学研究生学刊》(社会科学版),1996 年第 3 期。

34. 罗志田:《中外矛盾与国内政争:北伐前后章太炎的"反赤"活动与言论》,《历史研究》,1997 年第 6 期。

35. 侯月祥:《护法战争对章太炎政治心态的影响》,《广东史志》,1999 年第 1 期。

36. 黄顺力:《孙中山与章太炎民族主义思想之比较——以辛亥革命时期为例》,《厦门大学学报》(哲学社会科学版),2001 年第 3 期。

37. 李淑芳:《孙中山与章太炎民主主义思想的比较》,《陕西师范大学学报》(哲学社会科学版),2001 年 S1 期。

38. 陶士和:《试论民初政局大变动中的章太炎》,《浙江社会科学》,2003 年第 2 期。

39. 欧阳云梓:《论南京临时政府成立前后同盟会和光复会的分歧》,《江西社会科学》,2006 年第 5 期。

40. 孔祥吉、村田雄二郎:《章太炎与支那亡国纪念会史实考略——兼论孙中山先生与此事件之关系》,《纪念孙中山诞辰 140 周年国际学术研讨会论文集》(下),中国福利会出版社,2006 年。

41. 冯天瑜:《章太炎、孙中山的"封建"论》,《武汉大学学报》(人文科学版),2010 年第 6 期。

　　42. 卢义园:《民国年间南京更名"中山城"风波》,《江苏地方志》,2011 年第 5 期。

　　43. 丁守伟:《章太炎与民国初年建都之争》,《历史档案》,2011 年第 4 期。

　　44. 华强:《章太炎与孙中山的政见分歧》,《近代中国》(第二十一辑),上海社会科学院出版社,2011 年 12 月。

　　45. 谢俊美:《章太炎与辛亥革命——兼论孙中山是中国民族民主革命的当然领袖》,上海市孙中山宋庆龄文物管理委员会编:《孙中山宋庆龄文献与研究》(第三辑),2011 年 12 月。

　　46. 侯月祥:《护法战争中章太炎对孙中山的政治心态》,《岭南文史》,2011 年第 4 期。

　　47. 王磊:《重新审视章太炎与南京临时政府》,《求索》,2014 年第 12 期。

　　48. 杨天石:《"倒孙风潮"与蒋介石暗杀陶成章事件》,《近代史研究》,2017 年第 2 期。

　　49. 徐立刚:《民初孙中山组建南京临时政府之权力分配格局再认识》,《南京社会科学》,2017 年第 5 期。

　　50. 王锐:《时势变迁下的历史反思——论章太炎的辛亥记忆》,《苏州大学学报》(哲学社会科学版),2018 年第 1 期。

三、民国报刊

《申报》

《民立报》

《中国旬报》

《时报》

《大公报》

后　记

本书作为《孙中山与他的秘书们》系列丛书中的一册，历经两年时间的资料搜集、撰写文稿、反复修改校对，终于画上了圆满的句号。在创作工程中，我始终怀着对孙中山的敬仰和对历史的敬畏之心，秉持严谨的学术态度和"有志者，事竟成"的信条，终于如期完成了书稿，为此我感到由衷的高兴。

在本书即将出版之际，对于馆领导的独特选题以及对丛书写作的支持鼓励，我在此表示由衷的感谢。感谢研究孙中山和章太炎的前辈们，是你们的研究论著、文章和史料给予我写作的资料支撑和灵感养分。我还要感谢丛书写作团队的每位同志，是大家团结一致、相互鼓励和碰撞切磋，才使得本书得以顺利完成。同事和家人给予了我工作和生活上的大力支持和关心，在此也一并表示感谢。

我将惶恐地期待学界前辈、同仁以及读者们对本书的批评和指正。

苏艳萍

2019 年 11 月 25 日于南京仙林

图书在版编目(CIP)数据

孙中山与章太炎 / 苏艳萍著. 一 南京：南京大学
出版社，2020.8
(孙中山与他的秘书们 / 梅宁主编)
ISBN 978-7-305-23690-7

Ⅰ. ①孙… Ⅱ. ①苏… Ⅲ. ①孙中山(1866—1925)
—生平事迹②章太炎(1869—1936)—生平事迹 Ⅳ.
①K827＝6②B259.25

中国版本图书馆 CIP 数据核字(2020)第 154437 号

出版发行　南京大学出版社
社　　　址　南京市汉口路 22 号　　　　　邮　编　210093
出 版 人　金鑫荣
丛 书 名　孙中山与他的秘书们
丛书主编　梅　宁
书　　名　孙中山与章太炎
著　　者　苏艳萍
责任编辑　黄隽翀　　　　　　　编辑热线　025-83593947
助理编辑　高　晴

照　　排　南京南琳图文制作有限公司
印　　刷　南京玉河印刷厂
开　　本　718×1000　1/16　印张 10.75　字数 146 千
版　　次　2020 年 8 月第 1 版　2020 年 8 月第 1 次印刷
ISBN 978-7-305-23690-7
定　　价　35.00 元

网址：http://www.njupco.com
官方微博：http://weibo.com/njupco
官方微信号：njupress
销售咨询热线：(025)83594756